나를 더 나답게

삶의 주인이 되는 마음 습관

나를 더 나답게

원빈 지음

원빈 스님과 함께 성취하는 행복

붓다스쿨

이 세상의
모든 거지왕자들에게

한 나라의 왕이 있었습니다. 그는 늦둥이 외아들을 겨우 얻었는데, 아이를 어찌나 사랑했는지 태어나기도 전에 벼슬을 내렸습니다. 온 나라의 축복을 받고 태어난 왕자는 사랑받아 마땅한 존재였습니다. 생글생글 웃는 왕자를 바라보는 왕의 얼굴에도 웃음꽃이 만발했고, 왕의 기분이 좋아지는 만큼 백성들도 웃을 일이 많아졌으니까요. 왕자는 존재만으로도 축복이었습니다.

　하지만 기쁨은 오래가지 못했습니다. 어느 날 왕자가 신기루처럼 사라져 버린 것입니다. 간절한 마음으로 온 나라를 뒤졌지만 작은 단서조차 발견하지 못했습니다. 왕의 얼굴에서 웃음이 사라져 갔고, 온 나라가 비탄으로 뒤덮인 나날이 시작되었습니다.

왕은 20년이 넘도록 왕자를 찾아 헤맸습니다. 간절하면 통하는 것일까요? 어느 날, 젊은 거지 한 명과 우연히 마주친 왕은 단박에 잃어버린 아들임을 직감했죠. 기쁨으로 가득 찬 왕은 거지왕자에게 다가가 이렇게 말했습니다.

"넌 20년 전 잃어버린 내 아들이다. 너는 거지가 아니라 왕자다."

평생을 거지로 살아온 왕자가 과연 이 말을 믿었을까요?

우리는 본래 태어나는 순간 아무런 조건이 필요 없는 기쁨입니다. 존재만으로도 주변 사람들에게 사랑받아 마땅하지요. 무조건적인 사랑을 받아온 우리는 사실 태생적으로 왕자입니다.

하지만 어느 순간부터 칭찬과 사랑을 받는 데 조건이 붙기 시작합니다. 공부를 잘해야 하고, 착해야 하며, 예뻐야 하고, 부지런해야 합니다. 20년을 넘게 그렇게 살다 보니 사랑받는 것이 더 이상 당연하지 않게 되었습니다. 거지가 밥을 얻어먹기 위해 애처롭게 구걸을 해야 하듯 우리 역시 노력으로 조건들을 충족시켜야만 사랑받을 수 있다는 관념에 익숙해져 버렸습니다.

다시 한 번 묻겠습니다. 평생을 거지로 살아온 이가 과연 자신이 고귀한 왕자라는 것을 믿을 수 있을까요? 당연히 믿지 못했습니다! 그래서 거지왕자는 도망쳐버렸습니다. 왕이라는 작자가 미친 소리를 한다고 투덜대며 두려움에 떨었습니다.

그리운 아들을 찾았으나 아비를 알아보지 못하고 도망쳐버린 아들을 어쩌지 못해 안절부절인 왕에게 지혜로운 재상이 충언했습니다. 왕의 아들이 20년을 거지로 살아온 만큼 자신이 왕자라는 것을 쉽게 받아들이지 못할 것이니, 먼저 그에게 적은 월급을 주고 마구간의 똥 치우는 일을 시키라고 했습니다. 그 정도면 두려워하지 않고, 오히려 거지로 지내는 것보다는 훨씬 더 좋은 조건이라며 기뻐할 것이라고 말했습니다. 왕은 미치고 팔짝 뛸 노릇이었습니다. 감히 내 고귀한 아들에게 말똥 치우는 일을 시키라니, 그것도 고작 몇 푼 안 되는 월급을 주며. 하지만 왕은 흥분을 가라앉히고 재상의 말을 받아들였습니다.

거지왕자는 말똥 치우는 일을 기쁜 마음으로 시작했습니다. 구걸해서 먹고사는 것보다는 훨씬 안정적으로 생활할 수 있었으니, 그에게는 참 소중한 일이었지요. 열심히 하다 보니 마구간 하나를 관리하는 역할로 승진했고, 나중에는 왕실 마구간 전체를 관리하는 역할을 맡게 되었습니다. 세월이 지나 차근차근 승진에 승진을 거듭한 거지왕자는 결국 재상의 역할도 수행할 수 있을 만큼의 훈련을 마쳤지요.

재상은 수행을 마친 거지왕자에게 물었습니다.

"이제 자신이 온전하고 고귀하며 존경받아 마땅하고 사랑받을 수 있는 존재, 왕자라는 사실을 받아들이시나요?"

거지왕자는 드디어 자신이 왕자임을 받아들였습니다. 충분히 교육받고, 인정과 칭찬을 얻고, 사랑받는 경험을 통해 자신의 고귀함을 인정할 수 있게 된 것입니다. 그렇게 철저한 수행을 통해 왕자의 자화상을 회복한 그는 재상을 거쳐 성군이 되었습니다. 거지와 왕의 삶을 두루 경험하고 이해한 그의 현명한 통치 덕에 만백성의 얼굴에 웃음꽃이 만발했습니다.

우리는 이미 온전합니다. 행복의 모든 조건을 갖추고 있습니다. 삶의 주인공은 바로 나고, 우리는 모두 이 세계의 왕자입니다. 우리의 본래 자화상은 위대하고 고귀합니다. 다만 지금 그 진실을 잊고 있기에 약간의 훈련이 필요한 상황입니다.

'이 세상 모든 존재는 사랑받아 마땅합니다.'

이 진실을 저를 찾아오는 왕자님들께 전했습니다. 그런데 아무리 말해도 믿지 않고, 본인을 자꾸 거지로 생각하는 경우가 참 많았습니다. 우리가 왕자로서 마땅히 누려야 할 행복을 되찾는 과정은 매우 단순합니다. 딱 한 가지 생각만 돌리면 됩니다. 거지의 자화상을 왕자의 자화상으로 말입니다.

자화상이 바뀌면

현대 한국 사회의 부정적인 면을 보여주는 세 가지 단어를 꼽아보자면 불행, 자살, 비난입니다. 모두 행복해지기 위해 최선을 다해 노력하는데 대체 왜 우리는 불행하다고 느끼는 것일까요? 혹시 행복의 우물이 존재하지 않는 장소에서 최선을 다해 삽질을 해왔던 것은 아닐까요?

행복의 우물이 샘솟는 곳을 찾는 비밀 한 가지를 공유하겠습니다. 주관적 행복은 자화상과 밀접한 연관이 있습니다. 생각해 보세요. 거지의 자화상을 지닌 존재, 왕자의 자화상을 지닌 존재, 상식적으로 누가 더 행복할까요?

자화상이 존귀해지면 피할 수 없는 고통스러운 상황에 놓이더라도 그 속에서 마음만은 행복할 수 있습니다. 하지만 자화상이 비천해지면 남들이 다 부러워하는 상황에서조차 스스로를 쓸모없는 존재라 느끼게 됩니다. 이것이 극에 달하면 자살을 시도하기에 이르지요.

무학대사의 유명한 말이 있습니다.

"돼지 눈에는 모두 돼지로만 보이고, 붓다 눈에는 모두 붓다로만 보인다."

눈동자에 비치는 상대방은 나를 비춰보는 거울입니다. 자화상이 거지라면 세상의 모든 존재가 거지로 인식되는 것이지요. 그래서일까요? 비천한 거지의 자화상은 타인의 자화상에도 영향을 미칩니다. 누군가를 쉽게 비난하는 것은 그가 왕자가 아닌 거지라고 생각하기 때문입니다.

심리학 용어 중 투사라는 단어가 있습니다. 자신의 단점을 남에게 씌워 그를 비난하고 자신에게는 그 단점이 없는 척하는 것이지요. 다른 존재를 비난하고, 센 척하면서 거지와 같은 자화상을 잠시 잊는 것입니다.

불행, 자살, 비난은 서로 맞물려 있습니다. 불행이 지극해지면 스스로를 해칠 뿐 아니라, 타인을 비난해서 세상의 불행을 증폭시킵니다. 비난받은 이가 행복감을 망치게 되면, 분노한 그는 다시 세상을 비난합니다. 이렇게 우리는 불행의 감옥에 갇혀 버립니다.

이 악순환의 고리를 끊기 위해 해결해야 할 문제는 무수히 많습니다. 이럴 때는 선택과 집중이 필요하므로, 여기서는 자화상에 초점을 맞추겠습니다. 왕자 눈에는 모두가 고귀한 왕자로 보입니다. 만약 자화상을 왕자로 바꿀 수만 있다면, 모든 존재를 왕자로 존경할 수 있게 될 것입니다. 나도 행복해지고 주변도 행복해지는 방법이지요.

하지만 거지에서 왕자로 생각을 바꾸는 과정이 결코 단순하지 않습니다. 거지와 왕자를 가르는 생각의 벽은 예상보다 훨씬 두터울 수 있습니다. 급하게 마음먹지 않고 차근차근 접근하는 것이 가장 빠른 길입니다.

행복을 위한 4층 건물 짓기

인색한 마음을 가진 벼락부자가 있었습니다. 평소 질투의 대상이었던 친구가 어려운 이들을 위해 4층짜리 복지관을 짓는다는 소식에 벼락부자는 비웃었습니다.

"돈이 남아도는구나. 4층짜리 건물을 남 주려고 짓는다고? 쓸데없는 짓이야."

그런데 건물이 한 층, 두 층 올라가는 모습을 보던 벼락부자의 마음에 갑자기 질투가 샘솟았습니다. 시기심이 절정에 이른 것은 건물이 완성된 직후였습니다. 건물은 정말 멋져 보였고, 주변 사람들 모두 친구의 선행을 찬탄하니 배가 아파서 미치고 팔짝 뛸 것 같았지요.

질투에 눈이 먼 그는 결국 수완 좋은 목수를 불러서 4층짜리 건물을 올려달라고 요구했습니다. 목수가 견적과 일정을 정리해 알려주자, 벼락부자는 황당한 요구를 합니다.

"왜 그리 오래 걸리나요? 그냥 4층부터 지어주세요."

벼락부자의 요구는 주변에 알려져 큰 비웃음을 샀고, 결국 그의 어리석음에 대한 명성만 더욱 높아졌지요.

세상에 1층, 2층, 3층을 건너뛰고 4층부터 짓는 마술은 존재하지 않습니다. 이런 성급한 조바심 때문에 부실공사가 생기고, 그 폐해가 세상을 불행하게 합니다. 단단한 기반을 가진 행복의 집을 짓고 싶다면 목수의 말대로 1층부터 순서대로 지어야 합니다. 이 순서를 신해행증信解行證이라고 합니다.

모든 변화의 시작은 정보를 얻는 것에서부터 시작됩니다. 우리는 본래 왕자로 태어났지만, 진실을 듣지 않고는 이에 대해 '인지'조차 하지 못합니다. 인지하지 못한 것은 사실상 우리에게 존재하지 않는 것이지요.

듣기는 하였으나 정보가 너무 엉터리처럼 느껴진다면 어떨까요? 받아들이려 하지 않겠지요. 새로운 정보를 얻었을 때, 그에 대한 최소한의 믿음이 생겨야만 다음 단계로 나아갈 수 있습니다. 이것이 바로 1층에 해당되는 의심에서 믿음으로의 터닝 마인드 '신信'입니다.

믿음을 통해 정보를 받아들이더라도 천재가 아닌 이상 한 번에 이해하는 것은 불가능합니다. 자세하게, 세밀하게, 치밀하게, 정보를 수차례 반복하면서 이해가 생겨나기 시작합니다. 이것이 2층에 해당하는 오해에서 이해로의 터닝 마인드 '해解'입니다.

이해가 단단해지면 그 가르침을 삶에서 실천하고픈 마음이 저절로 생겨납니다. 이해하지 못하는 것을 실천하라고 강요한다면 그것은 폭력입니다. 두려움에 떠밀려 억지로 실천하더라도 지속력이 매우 약하지요. 이해를 바탕으로 생겨난 확신을 가지고 실천하는 것이 중요합니다. 이것이 3층인 게으름에서 실천으로의 터닝 마인드 '행行'입니다.

처음에는 낯설기만 했던 실천이 반복됨에 따라 익숙해집니다. 꾸준히 실천을 반복하면 자연히 성취가 무르익습니다. 그때 우리는 정보의 진의를 깨닫게 됩니다. 이것이 4층인 포기에서 성취로의 터닝 마인드 '증證'입니다.

신해행증의 순서는 세상 모든 일에 공통으로 적용되는 원리입니다. 단단한 기반을 바탕으로 순서에 맞게 공부를 이어나가면 사상누각을 면할 수 있습니다.

이 책 또한 신해행증의 순서를 따릅니다. 1장에서는 자신이 사실 왕자처럼 존귀한 존재임을 알고 믿음을 키웁니다. 2장에서는 왜 우리가 존귀하다는 진실을 받아들이지 못해 스스로를 거지라고 고집하는지, 그 원인을 이해하기 위해 번뇌라는 친구를 살펴봅니다. 3장에서는 거지에서 왕자로의 터닝 마인드 5단계를 구체적으로 제시하겠습니다. 4장에서는 자신에 대한 확신을 얻고, 생각이 바뀌었을 때 우리에게 주어지는 행복의 선물을 볼 것입니다.

모든 과정은 똑같이 중요합니다. 행복을 성취하기 위해서는 하나하나 필수적인 과정입니다. 자신의 성향과 상태, 목표를 명확히 파악하고 행복의 4층 건물을 올리는 일에 여러분이 함께 하길 바랍니다.

차례

PART 1

나는 왜 거지처럼
살았을까

Turning Mind

통화 버튼을 누르지 않고
서로가 연결되는 일은 없습니다.
행복이 내게 전화 걸어주기를 바라기보다
내가 행복에게 먼저 전화를 거는 것이 좋겠습니다.

나는 왜 지금껏 거지처럼 살았을까요?
이것도, 저것도 두려워하며
벌벌 떠는 삶에서 벗어나기 위해
오늘 하루 주어진 행복의 통화 버튼을 누르겠습니다.
행복이 내게도 응답해주겠죠?

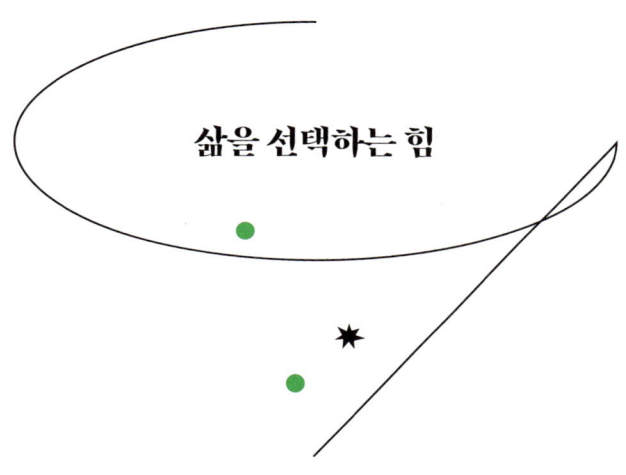

삶을 선택하는 힘

삶이 고통스럽다고 말하는 사람이 있습니다. 반대로 정말 행복하다고 느끼는 사람들도 있지요. 둘의 차이는 간단합니다. 스스로의 주인인가, 노예인가의 차이입니다. 만일 살아가면서 주인이 아닌 노예라고 느낀다면 그것은 자신의 삶과 생각에 대한 주도권을 가지지 못한 결과입니다.

삶은 우리가 주의를 기울일 지점을 어떻게 선택하느냐에 따라 달라집니다. 두려움을 선택하는 사람은 비행기를 타도 두렵고, 즐거워야 할 여행지에서도 두렵기만 합니다. 하지만 용기를 선택한 사람은 세상에서 가장 무서운 놀이기구를 타도 신이 나고, 낯선 곳에서 길을 잃어도 용기를 가지고 새로운 경험으로 받아들입니다.

주의注意를 어디에 기울이는가, 다시 말해 의식意識을 어디에 둘지에 대한 선택권의 유무가 바로 주인과 노예의 차이입니다. 주인은 스스로의 삶을 선택할 수 있는 힘을 가집니다. 노예는 안타깝게도 타인에게 선택의 권리를 빼앗기고 살지요.

한국인들의 행복지수가 낮은 이유는 이 선택의 자유를 잃고 노예 신분으로 전락한 사람이 많기 때문입니다.

생각에게 주인의 권리를 빼앗기다

정말 많은 사람들이 노예가 되어 자신의 선택권을 다양한 생각에 빼앗긴 채 불행하게 살아갑니다. 많은 이들이 제게 이런 질문을 합니다.

"쓸데없는 생각을 너무 많이 하는데 그러지 않으려 해도 잘 안 됩니다."

생각은 분명 마음에서 일어나는데 왜 조절이 안 될까요? 우리 모두 몸과 마음이 내 것이라고 생각하지 않나요? 내 것이 분명하다면 도대체 왜 내 통제에서 벗어나 노예 부리듯 조종하고 괴롭히는 걸까요? 답은 간단합니다. 생각에게 선택권(주의)을 빼앗겼기 때문입니다.

인간은 넓은 면적의 대뇌피질 덕에 이성이라는 능력을 얻었습니다. 그리고 이 이성으로 만물의 영장 자리를 꿰찼습니다. 하지만 무수한 생각에 지배당하기 시작한 순간, 다른 동물들은 겪지 않는 희한한 고통에 시달리게 되었습니다.

강아지들은 수치심으로 고통받지 않습니다. 발가벗고 거리를 돌아다녀도 '너무 수치스럽다. 죽고 싶다' 이런 생각을 결코 하지 않죠. 아니, 못 한다는 게 맞는 표현이겠군요. 하지만 우리는 친구들이 다 입는 비싼 옷을 못 입었다고, 따뜻하고 좋은 옷을 입고도 창피함을 느낍니다. 생각과의 줄다리기에서 밀려 주객이 전도되어 버린 것입니다. 무엇이 진짜 중요하고 필요한지, 우리가 처한 문제의 본질을 잊은 것입니다.

쓸데없는 걱정은 별다른 게 아닙니다. 이미 지나갔기에 바로잡을 가능성이 0%인 후회에, 아직 오지 않았기에 어찌할 도리가 없는 미래의 두려움에 매달려 있는 것입니다. 이 매달림이 통제가 안 돼서 밤에 잠을 이루지 못합니다. 생각이 주인이고 우리는 노예이기에 허락받아야만 잠들 수 있는 것이지요. 심리학자들은 현대인들의 쓸데없는 걱정에 대해 이렇게 말합니다.

"현대인이 미래에 대해 하는 생각들 중 90% 이상은 현실에서 일어나지 않는 쓸모없는 것들이다."

주인의 권리 되찾기

지금 배가 고파 죽겠으면 지금 당장 밥 차리는 것에 주의를 기울여야 합니다. 그것이 주인의 자세입니다. 그런데 생각에 주의를 빼앗긴 사람들은 '어제 그 스파게티를 왜 남겼을까' 후회하고, '먹고 나서 살찌면 어떻게 하지?' 하고 미래를 걱정합니다. 지금 당장 배가 고픈데 먹는 것조차 생각에게 허락을 구합니다.

주인은 삶을 스스로 결정하는 반면 노예는 눈치를 보고, 주인이 결정하는 대로 따르지요. 생각의 노예가 된 이들은 밥 먹는 것조차 스스로 결정하지 못하게 됩니다.

혹시 '난 그 정도는 아닌데'라고 생각하셨나요? 그렇다면 당신은 어쩌면 반쯤은 주인이고, 반은 노예일 수 있습니다. 사람마다 이 주인-노예 비율은 다르니까요. 분명한 사실은 노예 상태에서는 자유와 행복이 없다는 것입니다. 주인으로 살아야만 비로소 자신의 삶을 선택하는 자유와 그 선택의 결과를 누리는 행복이 찾아옵니다.

쓸데없는 생각들로 힘들고 스스로에 대한 통제권을 잃었다고 생각한다면, 자신에게 이렇게 조언해주는 건 어떨까요?

'내 삶의 주인은 나야. 생각! 너희들은 좀 조용히 해줄래?'

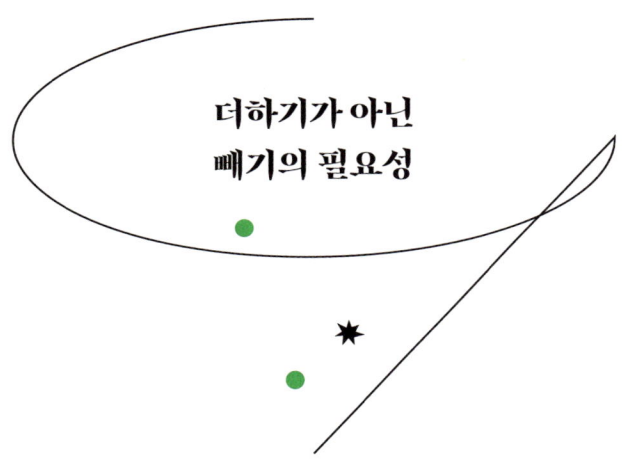

더하기가 아닌
빼기의 필요성

'엘레강스하다'는 말은 최소한의 필수적인 것만 남기고 불필요한 것들을 모두 제거한 상태를 가리킵니다. 사람들이 애플사의 디자인에 열광하는 이유도 같은 맥락이지요.

사실 엘레강스는 왕족에 대한 표현입니다. 그들은 불필요한 것들로 치장하지 않아도 태생적으로 고귀함을 인정받습니다. 왕족으로서 품격을 높이는 교육까지 받으니, 자체에 대해 높은 자신감을 갖게 됩니다.

반면 자신감이 부족하면 자존감을 높이기 위해 이것저것 끌어다가 난잡하게 꾸미게 되지요. 이렇게 치장에 의존하다가 불필요한 요소들을 버리고 자신의 담백한 민낯을 마주하려면 두렵기 마련입니다. 안타까운 것은 불필요한 발버둥에 에너지를 낭비하고, 정작 꼭 필요한 데 쓸 힘이 부족해지는 현상입니다.

무조건 엘레강스가 훌륭하다는 것은 아닙니다. 난잡함과 화려함은 한 끗 차이고, 개인의 취향은 모두 다르니까요.

여기서는 행복에 유리한 태도를 말하고자 합니다. 무엇에도 의존하지 않고 있는 그대로의 자신을 인정할 줄 알고, 만족하는 태도가 필요합니다. 반대로 자신감을 얻기 위해 여기저기 기웃거리며 의존하는 거지의 태도는 불필요합니다. 이를 확실하게 이해할 때 훨씬 더 행복에 가까워질 수 있습니다.

새롭게 채우기 위한 소화 과정

현시대를 살아가는 우리들은 예전에 비해 모든 면에서 충분히, 어쩌면 과하게 누리고 있습니다. 지금 이 시점에서 우리들에게 필요한 것은 보태기가 아닌 빼기입니다.

우리는 워낙 바쁘게 살아가는 터라 하루를 살아낸 마음을 정리하지 못하고, 자신의 몸을 단정하게 가다듬을 시간조차 내지 못합니다. 이렇게 살다 보면 삶의 경험을 소화하는 능력이 점점 저하되는 부작용이 생깁니다.

위가 꽉 찬 상태에서는 아무리 맛있고 영양 가득한 음식을 먹어도, 그 맛을 느끼지 못하고 영양분도 흡수하기 어렵습니다. 오히려 구역질만 날 뿐이죠. 이미 꽉 차 있는 옛것을 소화하는 과정을 통해 위에 공간을 만들어야만 새로운 무언가를 맛보는 기쁨을 누릴 수 있습니다.

마음에도 위처럼 용량 제한이 있습니다. 그 용량을 꽉 채운 사람이 새로운 일상을 경험하면 위가 맛을 느끼지 못하듯 경험의 즐거움을 느끼지 못합니다. 강렬한 쾌락조차 무감각하게 받아들이지요. 또한 위가 영양을 흡수하지 못하듯, 마음이 그 경험 속에서 마땅히 배워야 할 지혜를 찾지 못하게 됩니다. 그저 살게 되는 것이지요.

삶의 경험이 즐거움과 지혜로 빛을 발산하기 위해서는 이전의 경험을 정리한 후 소화하는 과정을 필히 거쳐야 합니다.

소화를 못하는 고통

뭐든 지나친 시대를 사는 만큼, 우리는 모두 과유불급이라는 말을 압니다. 하지만 삶에서 과유불급의 교훈을 실천하는 현대인들은 소수에 불과합니다.

많은 현대인들이 과도한 지식을 섭취하여 소화불능의 상태에 놓여 있습니다. 하루 종일 지식에 접촉하며 살아가지만, 그 지식을 곰곰이 곱씹는 사색의 과정을 거쳐 일상에 흡수하는 힘은 많이 부족합니다. 머리만 비대한 ET형 인간이 되어 뒤뚱뒤뚱 걸음마조차 어려울 지경입니다.

우리는 매일 자신의 삶을 정리해야 합니다. 일주일, 한 달, 1년을 살아가며 주기적으로 삶을 정리하고 매듭지어야 하지요. 그렇게 마음의 여유 공간을 만들어낼 때 우리는 새로운 경험을 온전히 즐기고 흡수할 수 있습니다. 지금 우리에게 필요한 것은 더 멋지고 좋은 경험이 아니라 그저 마음의 공간을 정리하는 일입니다. 만약 이대로 게걸스럽게 흡수만 하는 삶의 자세를 교정하지 않으면 어떻게 될까요?

위는 불가능한 소화를 가능하게 만들기 위해 독한 위액을 뿜어냅니다. 정리 안 되는 이물질들을 전부 녹여버리는 임시처방이지요. 이런 작용이 반복되면 점점 더 독해진 위액이 위 자체를 녹여버리는 병적인 상태로 나아가고 맙니다.

그렇다면 마음은 소화 불가능한 경험을 어떻게 처리할까요? 마음은 스스로의 경험을 아무 의미 없는, 기억조차 할 필요가 없는 것들로 바꿔버립니다. 그렇게 일상이 재미없고, 무의미해지다 못해 마음의 인식 기능까지 녹아버립니다. 결국 두렵고 우울한 병적인 상태의 마음으로 바뀌게 되지요. 이 지경까지 가기 전에 우리는 삶을 정리하는 태도를 연습해야 합니다.

정리는 삶의 소화제

소셜 네트워크 서비스SNS 지인들과 스마트폰 속 연락처를 주기적으로 정리하고, 일상의 공간을 청소하세요. 마음의 고민들을 차근차근 해결하며, 과거의 상처를 치유하고, 육체의 구석구석을 살펴 정리하세요. 이것이 삶의 여유를 보장해주고, 이 여유가 당신 삶에 행복을 더해줄 것입니다.

스스로 부족하다고 여기는, 자신감이 없는 존재는 눈앞에 놓인 것이 쓰레기인지 보석인지 모른 채 이것저것 주워들이기만 할 뿐 버릴 줄을 모릅니다. 이런 삶의 방식은 우리 삶에 존재하는 다양한 종류의 여백을 사라지게 하지요. 여백이 없는 도화지에 정작 행복에 꼭 필요한 그림들을 그릴 수 있을까요? 행복한 삶을 배우기로 했다면 이제 고물들을 추려서 버리는 연습부터 해보는 게 어떨까요?

무언가에 의존하지 않아도 당신은 이미 존귀하고 사랑받아 마땅합니다. 그러니 여유를 되찾으세요. 삶을 소화하고 행복을 맛보세요.

부디 지금 이 순간 행복하세요.

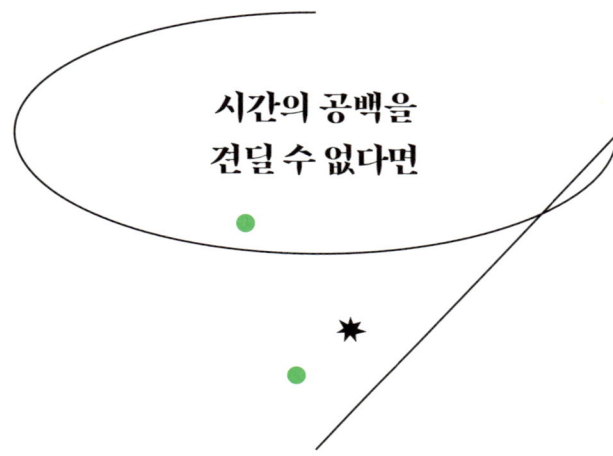

시간의 공백을
견딜 수 없다면

현대인들은 바쁜 하루를 계획합니다. 자투리 시간까지 아껴 영어 단어 하나라도 더 외우려 노력하지요. 스스로를 몰아붙이는 이 마음은 어디서 오는 것일까요?

자신이 사랑받아 마땅한 존재임을 인정하지 못하는 이들에게 필수적인 것이 있습니다. 하루 24시간을 빼곡히 채우는 다양한 노력들이지요. 조건부 사랑에 길들여진 사람은 사랑받기 위해 꼭 필요하다고 착각하는 조건들을 갖추려 혹독한 시간관리를 스스로에게 요구합니다.

역설적이게도 이 바쁜 일정에 대한 심리적 반작용은 바로 게으름입니다. 사람의 마음은 스프링 같아서 너무 강하게 누르면 그 반작용이 만만치 않습니다. 반작용이란 해야 할 일을 미루고 중독성 있는 무엇인가에 빠져 시간을 죽이는 일입니다. 영화, 게임, 쇼핑, 웹 서핑, 온라인과 오프라인을 오가는 수다, 멍 때리기 등에 시간을 내다 버린 후 이렇게 말하죠.

"24시간도 모자라!"

더 가슴 아픈 점은 게으른 자신을 목격하면 할수록 자존감이 더욱 낮아진다는 것입니다. 그러면 반작용으로 더욱 강도 높은 스파르타식 계획표를 짜게 됩니다. 이런 식으로 혹독함, 게으름 그리고 다시 혹독함의 반복인 악순환이 마음의 여유를 빼앗고, 자존감을 낮춰 삶의 주인으로서의 권리를 빼앗아갑니다.

시간을 죽이는 방법

인터넷을 검색하다가 '킬링 타임'이라는 표현을 알게 되었습니다. 말 그대로 시간을 죽인다는 뜻이지요. 많은 사람들이 견딜 수 없는 시간의 공백을 지루하지 않게 보낼 다양한 방법을 이야기하고 있었습니다.

어릴 적부터 남이 정해준 빡빡한 시간표에 따라 생활하는 데

길들여진 이들은 시간의 공백, 즉 여유를 얻고도 불안 증세를 보이는 경우가 있습니다. 온전한 성인이라면 시간의 주인으로서 하루를 디자인할 수 있어야 하고, 스스로 계획한 삶 속에서 여유와 부지런함의 줄다리기를 해낼 수 있어야 합니다.

제가 청소년을 교육할 때 특히 강조해서 연습시키는 것이 바로 자신의 시간을 조율하는 훈련입니다. 건강한 성인이 되기 위한 필수 항목이지요. 훈련을 거쳐 시간을 보내는 일에 주도권을 가지기 시작하면 지금 이 순간에 깨어있는 힘이 점점 커집니다.

불안감을 피하려고 시간을 죽이며 드라마를 내리 열두 편쯤 '정주행'할 때, 드라마에 푹 빠진 그 순간 우리의 마음은 과연 활발하게 깨어있을까요? 아니면 드라마라는 꿈을 꾸고 있는 것일까요?

시간을 조율하는 힘은 깨어있는 건강한 삶의 기반입니다.

시간을 되살리는 훈련

지금 이 순간에 머무르는 훈련이 되면 킬링 타임이 필요 없어집니다. 하루가 바쁘든, 여유롭든 전혀 지루하지 않으니까요. 마음 챙김 훈련에는 거창한 준비물이 필요 없으므로 지금 당장 경험해볼 수 있습니다.

지금 이 순간, 숨을 들이쉬고 내쉬는 행위에 집중해보세요. 온전히 의식을 집중할 때, 호와 흡은 경이로운 경험으로 바뀝니다. 호흡을 온전히 느끼는 것만으로도 지루할 틈이 없습니다. 걸을 때는 발바닥이 땅에 닿는 그 느낌에 의식을 두어보세요. 든든한 대지를 느끼고, 나의 신체가 만들어내는 환상적인 느낌들을 따라가세요. 이 작은 훈련만으로도 증폭되는 행복감을 느낄 수 있습니다.

나아가 지금 여기, 내게 다가오는 경험들에 온전히 의식을 두어보세요. 판단하기보다는 느껴야 합니다. 그러면 내 눈동자에 비친 모든 사람들의 가지각색 표정들이 있는 그대로 내 안에 들어오기 시작합니다. 찬란한 빛깔을 품은 세상 모든 존재들의 아름다움이 인식되는 것이지요. 이런 기적들이 나타나기 시작하면, 순간순간 인연이 닿는 모든 것들이 아무 이유 없이 그 자체로 소중해집니다. 이것이 지금 이 순간 행복해지는 비결이지요.

일기일회一期一會라는 말이 있습니다. 법정스님의 책 제목이기도 하지요. 이 말처럼, 지금 이 순간 우리에게 주어지는 경험은 다시없을 오직 한 번의 기회입니다. 삶이 주는 선물을 잡아채 행복해지려면 반드시 지금 이 순간에 머물러야 합니다.

이슬람의 예언자 무함마드의 삶을 이야기로 풀어낸 《하디스 40선》에서는 지금 이 순간에 머무르기를 이렇게 권합니다.

"아침을 맞이하면 저녁을 기다리지 말고, 저녁을 맞이하면 아침을 기다리지 말 것이며, 이미 이 세상에 와 있는 자신을 위해 영원히 사는 것처럼 열심히 일하고, 질병에 대비해 건강을 관리하며, 내일 이 세상을 떠난다고 생각하고 내세를 위해 오늘 준비를 해야 한다."

예나 지금이나 사람들은 아침에는 저녁을 기다리고, 저녁에는 아침을 기다리며, 휴가철에는 일하기를 기다리고, 일할 때는 휴가를 기다렸나 봅니다. 과거에 대한 후회로, 미래에 대한 망념으로 지금 이 순간에 머무르지 못하는 삶은 이미 죽은 삶임을 기억하세요.

혹시 지금 자신의 삶이 죽어버렸다는 걱정에 빠져 있나요? 걱정을 멈추고 죽어버린 삶을 되살리는 호흡명상을 실천해 보세요. 심장이 멈춘 소중한 사람을 되살리기 위해 인공호흡을 하듯, 간절한 마음으로 자신의 들숨과 날숨에 숫자를 붙여서 헤아려보세요. 다른 생각에 주의를 빼앗기지 않은 채 100번까지 헤아릴 수 있다면 미션 성공입니다. 자신의 호흡에 주의를 기울이는 순간, 빠졌던 얼이 몸과 다시 합쳐져 지금 이 순간으로 살아 돌아오는 경험을 할 수 있습니다.

시간은 모두에게 평등하게 주어집니다. 시간은 재료입니다. 훌륭한 요리법만 알고 있다면 무엇이든 해낼 수 있는 잠재력을 우리는 이미 가지고 있습니다. 당신에게 주어진 시간을 행복하게 즐기십시오.

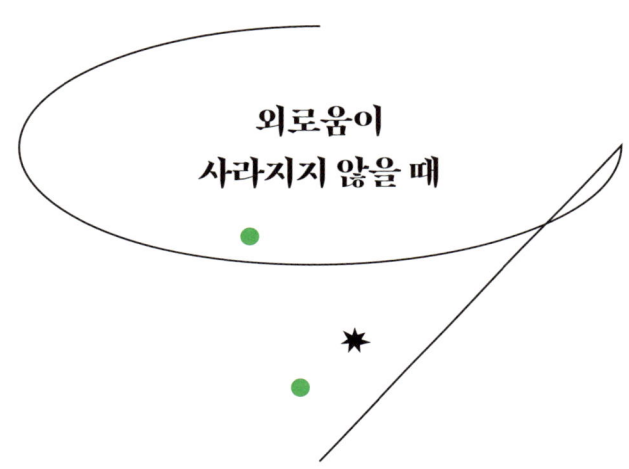

외로움이
사라지지 않을 때

자신감이 없으면 사람을 의심하며 살아가게 됩니다. 범죄의 피해자가 될까 봐, 경제적으로 손해 볼까 봐, 사랑하다 상처받을까 봐. 행복을 지키기 위해 우리는 사람을 쉽게 믿지 말라고 배웠고, 그 말에 공감하며 의심 속에서 살아갑니다.

다른 사람을 의심하는 습관은 우리를 필연적으로 외로움에 노출시킵니다. 그래서일까요? 이 찬란한 삶 속에서 외로움에 치를 떠는 이들이 참 많습니다. 행복을 지키기 위한 의심이 우리를 고통의 그물에 가둔 것이지요.

SNS로 인해 인간관계가 무한대로 넓어졌지만, 막상 그 안에서 더 큰 고독을 겪어야 하는 이상한 시대입니다. 수많은 사람들이 하고픈 말을 거침없이 내뱉기 시작했고, 그 어느 때보다 말을 잘하는 개인들이 살아가는 말의 시대가 되었습니다. 그러니 더 이상 외롭지 않아야 하는 것 아닌가요? 하루 종일 스마트폰을 바라보며 말을 쏟아내지만 이상하게 외로움은 사라지지 않습니다. 오히려 가슴 한편이 뻥 뚫린 듯한 허망함이 더해지는 것은 왜일까요?

바로 외로운 이에게 진정 필요한 것이 말하는 행위가 아니라 그 말을 들어주는 사람의 온기이기 때문입니다.

소통의 힘

말하기는 정신적 고통을 해소하기 위한 가장 쉬운 방법 중 하나입니다. 스트레스와 울분을 직접적으로 표현할 수도 있고, 그와 무관한 것들에 대해 말하면서 간접적으로 풀어지기도 합니다. 중요한 것은 말을 하고, 누군가가 따뜻하게 그 말을 들어준다는 점입니다. 사람들은 대화를 나누며 사랑을 느낍니다.

지금 이 순간에도 사람들은 도처의 카페에서 커피잔을 사이에 두고 마주 앉아 대화를 나눕니다. 그들이 원하는 것은 단 하나, 소통입니다. 말하고, 그에 대한 따스한 반응을 주고받으며 사랑하는 느낌을 얻습니다. 그렇게 다시 일상의 소음 속으로 돌아갈 힘을 얻습니다.

사람마다 성향은 다르기 마련입니다. 말하기를 좋아하고 말을 하면서 자신의 생각을 정리하는 사람이 있는가 하면, 사색을 즐기고 그를 통해 문제를 해결하는 이도 있습니다. 또 누군가는 고민보다는 행동하기를 즐기는 타입이라고 말합니다.

그런데 '대화'라는 소통의 창구는 이 셋을 모두 만족시킵니다. 누군가에게는 말할 수 있는 기회이고, 누군가에게는 타인의 생각을 들어보는 자리입니다. 행동하기를 좋아하는 사람에게는 대화할 상대를 만나는 것 자체가 즐거움이지요. 서로 아끼는 이들이 만났을 때 말하는 사람과 듣는 사람이 함께 만족하는 경험을 합니다.

말하고 싶을 때 함께할 사람이 있으신가요? 혼자이고 싶지 않을 때 편히 만날 누군가가 있으신가요? 기꺼이 이야기를 들어주고픈 사람이 있으신가요? 그렇다면 당신은 인복이 있는 사람입니다.

모든 존재에 대한 자비

인복이란 우울함이 찾아왔을 때 마음 놓고 전화할 사람이 있고, 달달한 차 한 잔을 함께 나눌 사람이 있으며, 마음을 열고 소통할 수 있는 지인이 있다는 것입니다. 소통을 통한 사랑을 경험할 수 있다면 그것이 바로 복 아닐까요?

사람이 가장 쉽게 행복해지는 길은 사랑하고 사랑받으며 살아가는 것입니다. 이때의 사랑은 이성에 대한 욕정이 아닙니다. 모든 존재에 대한 사랑으로, 불교에서 말하는 자비의 마음과 맥을 같이합니다. 지극히 탈세속적인 불교에서조차 자비로움을 강조한다는 점이 의미심장합니다. 가족을 떠나 출가해도, 새로운 유형의 관계들로부터 벗어날 수 없는 것이 수행자의 현실입니다. 인연의 끈이란 삶이 지속되는 한 끝이 없기에, 자비를 통한 관계의 개선은 행복을 위해 꼭 필요합니다.

서로가 서로를 지옥으로 이끄는 상황, 서로를 짓밟는 그런 원한의 관계에 묶여 있다면 정신을 똑바로 차리고 최선을 다해 관계를 개선해야 합니다. 정신을 놓는 순간 인복을 모두 잃고 만신창이가 된 자신을 발견하게 될 테니까요.

원한으로 묶인 존재는 원결怨結, 은혜로 묶인 존재는 은결恩結이라 합니다. 세상의 모든 존재에 대한 자비로움은 원결을 줄이고 은결을 늘립니다. 자비는 세상 모든 존재와의 관계를 은결로 변화시키는 핵심이며, 행복한 삶의 중요한 요소입니다. 관계의 변화는 행복의 결실을 맛보게 해줍니다.

　말하고 싶을 때 함께 말할 사람이 있었으면 좋겠습니다. 만나고 싶을 때 함께해줄 사람이 있었으면 합니다. 기꺼이 말을 들어주고 싶은 상대가 있다면 기쁘겠습니다. 의심으로 넘쳐나는 외로운 세상에서, 사랑을 나눌 통로 하나쯤은 꼭 가졌으면 좋겠습니다.

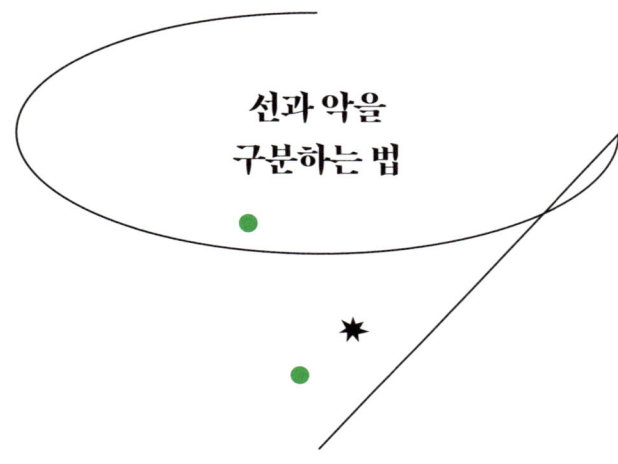

선과 악을
구분하는 법

영화 <매트릭스>에는 이런 대사가 나옵니다.

"인간이란 존재는 질병이야. 지구의 암이지. 너희는 역병이고 우리가 치료제다."

어떤 면에서 인간은 정말 지구의 바이러스처럼 보입니다. 정복자 행세를 하며 환경을 파괴하고, 종을 말살하며, 지구상 모든 생명체의 생존을 위협할 만한 끔찍한 무기를 만듭니다. 재미로 생명을 죽이고, 욕망을 채우기 위해 강간을 저지르고, 동족 살인조차 서슴지 않습니다. 이런 부정적 면을 보자면 인간은 만물의 영장이 아닌 영락없는 만물의 쓰레기입니다.

반대의 면을 살펴보면 놀랍게도 전 인류를 위해 봉사하고, 자기완성의 길을 걷는 이들이 있습니다. 존재의 극치를 깨달은 이들도 있지요. 인간의 의식은 최악에서 최선까지 입체적으로 변하는 잠재적 가능성을 품고 있습니다.

《화엄경》에 이런 구절이 있습니다.

"마음은 그림을 그리는 화가와 같아서 능히 모든 세상을 다 그리네. 만물이 모두 이 마음에서 생겨나니 만들지 못하는 것은 하나도 없네."

인간의 마음이 어떻게 각양각색의 삶을 만들어내는지를 잘 보여주는 경구입니다.

행복을 위한 선택

무엇을 마음에 품고 살아가느냐에 따라 살인자에서부터 깨달은 자에 이르기까지 삶은 얼마든지 변할 수 있습니다. 이 잠재력은 인간인 우리 모두에게 주어졌습니다.

우리는 마음에 품은 대상만을 경험할 수 있습니다. 또한 마음에 품은 것들은 곧 우리의 현실이 됩니다. 그러니 우리는 마음으로 현실의 경험을 그리는 화가이지요. 만약 삶 속에 그려낼 대상을 마음대로 선택할 권한과 힘이 있다면 우리 모두 원하는 행복을 성취할 수 있지 않을까요?

붓다는 45년간 제자들에게 '깨어있는 선택'에 대해 끊임없이 말했습니다. 또한 선한 행위를 선택하는 것이 올바른 길임을 강조했습니다. 붓다가 선과 악을 구분하는 기준은 매우 경험적입니다. 결과를 보고 원인이 되는 행위에 이름을 붙이는 방식이지요. 행복의 원인이 되는 행위는 선, 고통의 원인이 되는 행위는 악으로 명명하였습니다.

붓다를 찾아와 질문하는 모든 이들은 고통에서 벗어나 행복해지기를 원했습니다. 현재를 살아가는 우리도 마찬가지 아닌가요? 이를 위해서 깨어있음을 훈련하는 것, 그리고 행복의 원인인 선에 주의를 기울이는 것. 이런 올바른 선택이 삶의 나침반을 행복의 방향으로 설정하는 행위입니다.

행복의 씨앗, 삼복

인간이 살면서 행복을 누리기 위해서는 재복, 인복, 심복인 '삼복三福'이 있어야 합니다. 재복은 재물을 낳는 복이고, 인복은 좋은 인간관계를 만드는 힘입니다. 심복은 주어진 삶을 행복하게 경험하는 힘이지요. 재복은 가진 것을 남에게 베푸는 행위에서 나옵니다. 인복은 다른 이들을 존경하며, 타인에게 선한 것을 권할 때 생겨납니다. 심복은 우리 삶의 열쇠인 원하는 곳에 주의를 기울이는 힘을 훈련할 때 늘어납니다. 삼복을 낳는 선한 행위 셋은 바로 베풂, 권선, 그리고 명상입니다.

선한 행위가 이 셋만 있는 것은 당연히 아닙니다. 우리 삶 속에서 행하는 무한한 종류의 행위는 선한 씨앗과 악한 씨앗으로 구분됩니다. 무궁무진한 선행 중에서도 삼복은 현대인들의 행복을 위해 특히 필요한 선한 씨앗입니다.

복된 씨앗 심기를 열심히 실천할 때, 우리에게 행복의 방향으로 나아갈 원동력이 생깁니다. 방향을 아무리 잘 알아도 그곳으로 가지 않는다면 변하는 것은 아무것도 없습니다.

우선 행복을 위해 선과 악을 구분하는 공부를 해보세요. 행복의 씨앗에 의식을 집중하는 선택, 고통의 씨앗에서 주의를 거두는 선택을 하려면 선과 악을 구분할 수 있어야 하니까요.

샨티데바가 지은 《입보살행론》에는 이런 경구가 나옵니다.

"모든 사람은 행복하기를 원한다. 하지만 고통의 원인을 사랑하는 습관을 버리지 못해 자신의 행복을 스스로 원수처럼 부숴버린다."

이 치명적 명언을 꼭 기억해두셨으면 합니다. 우리가 바꿔야 할 것은 오직 자신의 무지입니다. 사과 씨앗을 심고 왜 배가 열리지 않느냐고 떼를 쓰면 그건 무지한 바보입니다.

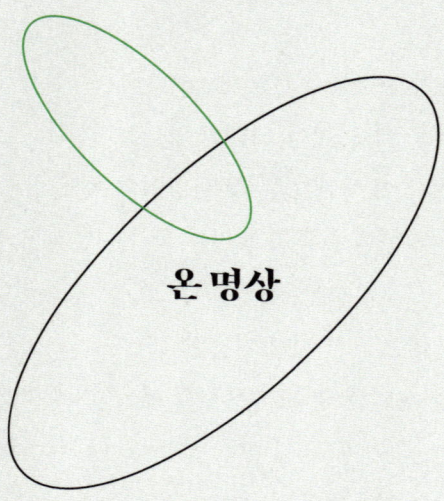

온 명상

명상법

터닝 마인드 기초를 다지기 위한 첫 번째 기본 명상을 소개하겠습니다.

앞서 '깨어있음 명상'이라 부른 이 훈련을 여기서는 '온ON 명상'이라 부르겠습니다. 훈련 방법을 이해하기 위해 이 별칭의 의미를 아는 것은 매우 중요합니다. 온ON과 오프OFF는 전깃불을 켤 때 쓰는 말인 '켜다TURN ON'와 '끄다TURN OFF'의 의미를 활용했습니다. 전기가 흘러가게 두는 것이 온이듯 원하는 곳에 주의력이 흘러가 머물 수 있도록 하는 것이 온 명상입니다.

훈련의 기본은 매우 간단합니다. 먼저 집중할 대상을 정합니다. 이를 집중점이라고 부르겠습니다. 집중점은 어디에 두든 좋습니다. 발가락도 좋고, 허공도 좋습니다. 여기서는 처음 명상을 시작할 때 흔히 사용되는 지점인 아랫배를 택해 설명하겠습니다. 집중점을 결정했으면 주의력 온을 반복해서 연습합니다.

1. 편한 자세로 앉아 눈을 감는다. 바닥에 반가부좌를 해도 되고, 의자에 앉아도 된다.

2. 심호흡을 세 번 해 몸과 마음을 충분히 이완시킨다.

3. 우선 '나는 삶의 주인이 되기 위해 주의력을 연습합니다'와 같은 말을 마음에 새겨 명상의 목적을 상기하고, 15분간 주의력을 집중점인 아랫배에 온한다.

4. 집중이 잘 되지 않을 때는 두 손을 겹쳐 모아 손바닥이 아랫배에 닿도록 한다. 손바닥을 통해 전해지는 아랫배가 오르내리는 느낌에 의식을 두고 온 상태를 유지하기 위해 노력한다.

5. 명상을 마친 후, 15분간 명상을 훌륭히 해낸 자신을 칭찬하며 마무리한다.

✳ 30초간 온이 유지된다면 다음 명상으로 넘어갈 준비가 된 것이다.

명상 플러스

주의력을 집중점인 아랫배에 온하기 위해서는 노력이 필요합니다. 처음 명상을 시작하는 분들이 주의를 한곳에 가만히 두기란 생각보다 훨씬 어려운 일이기 때문입니다.

기본 명상은 15분씩 연습합니다. 처음 심호흡 세 번을 포함하여 15분 동안 계속 주의력 온을 반복해서 연습합니다. 사람들이 명상에 대해 가지는 편견 중 하나가 집중을 해야 한다는 것입니다. 그래서 집중이 잘 되지 않거나, 자꾸 주의를 다른 것에 빼앗기면 '명상이 잘 안 된다'고 판단합니다.

이것은 큰 착각입니다. 온 명상은 그저 집중점에 주의력을 온하는 연습일 뿐입니다. 주의력을 빼앗기는 현상은 누구에게나 일어나는 자연스러운 일이니 스스로 다그치지 마세요. 주의력을 빼앗겼다는 사실을 알아차리는 순간 그저 다시 아랫배에 온! 이것만 기억하시면 됩니다. 집중점과 생각 사이를 오가는 주의력과 씨름하다 보면 어느새 15분의 시간이 지나갑니다.

연습을 시작할 때 자신이 이 명상을 왜 하는지 곱씹으며 결심을 강화하시기를 권합니다. 예를 들어 "나는 삶의 주인이 되기 위해 주의력을 연습한다", "왕자의 자화상을 가지기 위해 훈련한다" 같은 자신만의 발원을 마음에 새겨보세요. 연습을 마무리할 때는 행복을 위해 꾸준히 앉아 명상을 마친 자신을 칭찬해주는 것을 잊지 마세요.

명상의 목표

주의력 온 명상, 즉 깨어있음 명상은 모든 명상의 기반입니다. 그렇기에 어느 정도 성과가 나왔다고 훈련을 멈춰서는 안 됩니다. 집중점에 뜻대로 온하는 최소한의 힘이 없다면 다음 단계인 오프를 연습하기 어렵기 때문입니다.

두 번째 기본 명상으로 진도를 나아가기 전에 이루어야 하는 최소한의 성과 기준이 있습니다. 다음 단계로 나아가기 위한 목표는 집중점에 주의력을 온한 상태로 다른 생각에 빠지지 않고 30초를 버텨내는 것입니다.

많은 분들이 하는 한 가지 질문에 미리 답변을 하겠습니다.

"아랫배를 느끼는 동시에 다른 생각을 하는 상태는 주의력 온이 아닌가요?"

그 또한 주의력 온 상태입니다. 분산되기는 했지만 완전히 놓치

지 않는다면 괜찮습니다. 이제, 시작입니다. 주의력 훈련에 들

어가 30초의 장벽을 뛰어넘어보세요.

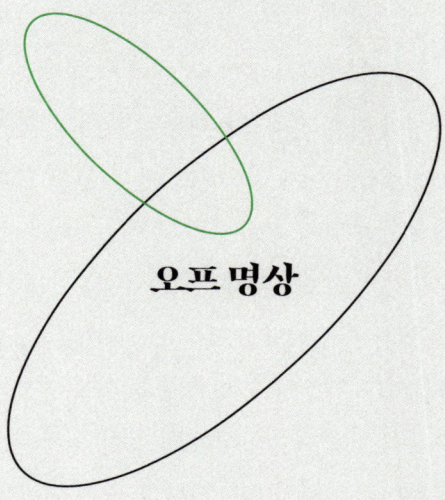

오프 명상

주의력 온 연습을 지속하다 보면 이 상태를 30초간 유지할 수 있는 힘이 생겨납니다. 이 정도가 가능해지면 다음 명상으로 넘어가는 것이 효과적입니다. 아직 30초간 유지가 힘들다면 두 번째 기본 명상인 주의력 오프OFF 명상에 대해 일단 이해만 해 두세요.

명상법

터닝 마인드 기초를 다지기 위한 두 번째 기본 명상을 소개하겠습니다. 모기에 물리면 간지럼을 '끄기OFF' 위해 약을 바릅니다. 재미있게도 태국에는 실제로 '오프'라는 이름의 모기약 제품이 있습니다. 가려운 부위에 주의를 빼앗기는 상태를 멈추게 해주겠다는 당찬 선언으로 보입니다.

두 번째 기본 명상인 주의력 오프는 일반적으로 집중 명상으로 불리는 연습입니다. 명상을 통해 집중의 힘을 얻으려면 주의력을 모으는 초점이 강력해야 합니다. 초점이 흔들리면 집중점 외의 대상에게 주의력을 빼앗기게 됩니다. 오프 명상은 온 명상의 연장선에 있습니다. 오프란 집중점에 온하던 중 다른 대상에 빼앗긴 주의력을 끈다는 의미이기 때문입니다.

아랫배를 집중점으로 삼아 명상하는 동안 어제 친구와 다투었던 일이 생각납니다. 어떻게 해야 할까요? 생각하고 있다는 사실을 아는 즉시 곧바로 흩어진 주의력을 오프합니다. 다시 아랫배로 주의력을 흘리며 온 상태를 유지하는데, 이번에는 째깍째깍 시계 소리로 주의가 옮겨갑니다. 그렇다면 다시 곧바로 시계 소리에서 주의력을 오프하면 됩니다.

1 편한 자세로 앉아 눈을 감는다. 바닥에 반가부좌를 해도 되고, 의자에 앉아도 된다.

2 심호흡을 세 번 해 몸과 마음을 충분히 이완시킨다.

3 우선 '나는 삶의 주인이 되기 위해 주의력을 연습합니다'와 같은 말을 마음에 새겨 명상의 목적을 상기하고, 15분간 주의력을 집중점인 아랫배에 온한다.

4 주의력이 아랫배가 아닌 다른 대상에게로 빠져나가면 그 대상에게서 주의력을 오프하고 아랫배에 온하기를 반복한다.

5 명상을 마친 후, 15분간 명상을 훌륭히 해낸 자신을 칭찬하며 마무리한다.

✳ 집중이 온전히 이루어질 때 보이는 빛을 목격하는 것이 오프 명상의 목표이다.

명상 플러스

많은 사람들이 집중 명상에 도전하지만 집중을 성취하지 못하는 이유는 이 명상의 포인트가 오프라는 사실을 간과하기 때문입니다. 처음 명상을 시작하는 이들이 집중 대상에 자신의 주의

력을 쏟는 힘은 아주 약합니다. 연습이 되어 있지 않기 때문이
죠.

집중력을 키우지 못한 상태에서 집중이 안 되는 것은 당연한 일
인데, 억지로 애를 쓰면 마음이 긴장하게 됩니다. 이렇게 긴장
된 상태는 다시 집중을 방해하고, 집중하지 못한 마음은 다른
대상에 주의력을 쉽게 빼앗깁니다. 이렇게 산만해진 마음으로
는 집중점에 주의력을 쏟기가 어렵습니다. 안 되는 것에 애를
쓰다가 긴장하고, 산만해지고, 결국 집중을 놓치는 악순환을 반
복하는 것입니다.

의식의 집중 상태를 위해서는 긴장과 이완이 적절하게 조율되
어야 합니다. 집중에 대한 욕심을 버리고 온이 아닌 오프가 집
중의 포인트라는 것을 기억해야 합니다. 집중이 흩어지는 것이
당연한 결과임을 인정해야 합니다. 집중을 성취하는 방법은 주
의력을 빼앗긴 대상에서 오프를 반복해 온을 강화하는 것뿐입
니다.

명상의 목표

집중 명상인 주의력 오프 명상의 목표는 당연히 집중의 성취입
니다. 궁극적인 목표는 이를 통해 깊은 의식의 집중 상태인 삼
매三昧에 이르는 것이지만, 기본 명상 단계에서는 집중이 이루어

졌을 때 나타나는 신호인 빛을 보는 것을 기준으로 삼습니다.

사람의 마음은 빛으로 이루어져 있습니다. 사실 사람의 몸도 빛으로 이루어져 있죠. 만물이 빛(입자, 파동)으로 이루어져 있음이 과학 분야에서도 꾸준히 증명되었습니다. 우리들의 의식 역시 빛입니다. 주의력이 약할 때는 그 빛 또한 약해서 마음의 눈에 보이지 않습니다. 하지만 눈을 감고 명상할 때 주의력이 집중점에 강렬하게 모이기 시작하면 어느 순간 의식은 빛으로 목격되기 시작합니다.

하지만 명상 중 마음의 눈에 보이는 빛은 주의력이 모이기 시작했다는 신호에 지나지 않습니다. 많은 사람들이 집중 명상 도중 나타나는 빛에 홀려 집착하곤 합니다. 이런 경우 집중의 성과였던 빛이 오히려 더 깊은 집중으로 나아가지 못하게 만드는 장애물이 됩니다. 빛에 대한 욕심에 주의력을 빼앗겨 헤어나지 못하는 것이지요.

주의력 오프 명상은 집중이 시작되었음을 알려주는(빛을 목격함) 것을 1차적 목표로 삼지만, 이 빛은 신호일 뿐 그 이상도 이하도 아니라는 사실을 꼭 기억하세요. 장애물에 걸려 멈춰서는 안 됩니다.

PART 2

마음속에서
조잘대는
번뇌의 말

Turning Mind

행복 여정에서 빠질 수 없는 친구가 있습니다.
항상 함께하지만 우리를 방해하기도 하는
이 친구의 이름은 번뇌입니다.

관심을 원하는 번뇌라는 친구를 잘 달래면
지혜로 바뀌어 큰 힘이 되어줍니다.
번뇌를 바라보고, 이해하기 시작하면
관심받기 위한 번뇌의 치열한 발버둥이 멎습니다.
조용해지면 우리의 본 모습을 볼 수 있는
지혜가 드러나기 시작합니다.

번뇌라는 친구를 이해하고 지혜로 바꾸는 길을
함께 걸어갈 준비가 되셨나요?

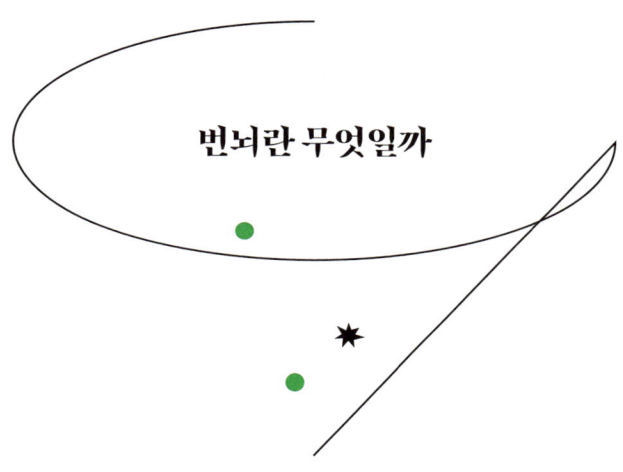

번뇌란 무엇일까

어릴 적 설날이면 텔레비전 앞에 바싹 붙어서 보던 만화영화 <머털도사>가 생각납니다. 만화에서 108요괴가 나올 때면 흥미로운 한편 무서움을 느꼈지요. 번뇌煩惱는 불교 용어로, 우리의 마음을 번거롭게 하고, 괴롭힌다는 의미입니다. 불교에서는 사람이 가진 번뇌의 종류를 108가지로 봅니다. 만화에서 사람들을 괴롭히는 요괴의 숫자와 같지요. 우리와 함께 태어나 삶 속에서 항상 함께하며 결국 죽음을 맞이할 때까지 이어지는 마음의 친구, 번뇌에 대해 알아보겠습니다.

번뇌의 여러 얼굴

번뇌는 수많은 얼굴을 지닌 변신술사입니다. 하지만 아무리 다양하게 변한다 해도 그 뿌리는 한 얼굴이지요. 바로 두려움입니다. 생물들은 '자아自我'의 목숨을 유지하려는 본능으로 이 두려움을 공유합니다. 일종의 생존전략이지요.

우리는 안전을 위한 여러 조건이 충족되지 않으면 두려움을 느낍니다. 그러면 이 번뇌를 잠재우려는 강렬한 마음이 생기는데, 이때 두려움은 탐욕으로 얼굴을 바꿉니다.

인간이 공통으로 간절히 원하는 것에는 희소가치가 생기곤 합니다. 모두가 황금을 원하는 것도 누구나 얻을 수 있는 것이 아니기 때문이지요. 그러니 생존에 필요한 것들을 얻으려면 필연적으로 경쟁을 해야만 합니다.

경쟁에서 이겨 황금을 얻은 이들은 내 소유가 된 황금을 빼앗길까 두려운 한편, 더 많이 가지고픈 탐욕도 강해집니다. 반면 황금을 얻지 못한 이들은 황금을 얻은 이들이 자신의 황금을 빼앗아갔다고 여기며 분노합니다. 이렇게 탐욕은 두려움과 분노로 얼굴을 바꾸죠.

우리가 두려움 가득한 마음을 잠재우기 위해 쓰는 전략은 탐욕과 분노 따위를 활용하는 것입니다. 하지만 위에서 살펴보았듯이 탐욕과 분노는 사실 두려움의 다른 얼굴입니다. 똑같은 번뇌의 요괴이지요. 번거로움을 다스리는 전략으로 번거로움을 활용한다? 과연 마음은 번뇌에서 벗어나 평화로울 수 있을까요?

이러한 방법으로는 평화를 찾을 수 없음에도 불구하고 우리는 계속해서 번뇌를 좇습니다. 어떻게 해야 평화를 찾을 수 있는지 모르니까요. 이것이 바로 어리석음입니다. 나오지 않는 우물만 계속 파는 이 어리석음 역시 번뇌의 다른 얼굴입니다.

의심, 악견惡見, 자만, 짜증, 수치심, 죄책감, 슬픔, 후회, 우울, 자만, 질투, 흥분, 숨기려는 심리……, 수없이 많은 얼굴로 변하는 이 번뇌의 대표주자는 바로 탐욕, 분노, 어리석음이라는 삼독심三毒心입니다. 번뇌가 두려움을 뿌리로 삼아 삼독을 열매로 맺는 것이지요.

원수가 아닌 친구

번뇌는 감자와 비슷합니다. 생감자 껍질에는 멜라민이라는 독성분이 있어 많이 먹으면 돼지도 죽는다고 합니다. 하지만 감자는 15분 정도만 잘 삶으면 마음을 편안하게 해주는 맛있는 알칼리성 식품이 됩니다. 감자를 많이 먹으면 성격이 순해진다는 속설이 생겨날 정도로 부드러운 음식이지요.

번뇌 또한 마찬가지입니다. 분명히 번뇌에는 삼독심이라는 이름처럼 마음을 괴롭히는 독성이 존재합니다. 하지만 번뇌가 마음을 괴롭히는 순간, 정신 못 차리고 이리저리 휘둘리는 대신 깨어있는 명상 상태로 15분 정도만 마음을 잘 살펴볼 수 있다면 이 독성은 변화를 시작합니다.

명상을 통해 번뇌는 마음을 안정시키는 선함으로 바뀔 수 있습니다. 두려움은 용기로, 탐욕은 베푸는 마음으로, 분노는 자비로, 어리석음은 지혜로 전환됩니다. 번뇌라는 생감자가 자각의 불을 만나면 행복의 열매를 맺는 선한 마음으로 변합니다. 매우 경이로운 마술이지요.

세상에 고정된 모습을 영원히 유지하는 존재는 없습니다. 살인자도 참회하고 수행하면 선한 인물이 될 수 있습니다. 사기꾼이 세상의 가난한 이들을 돕는 자원봉사자가 될 수도 있지요. 반에서 꼴등하던 학생이 하버드 대학교 수석졸업생이 되기도 합니다. 마음을 어디에 두느냐에 따라 삶의 방향을 어디로든 바꿀 수 있는 존재가 사람이니까요.

우리가 어떤 관점에서 바라보느냐에 따라 번뇌도 이름을 바꿉니다. 그저 끝까지 나를 힘들게 하는 번뇌라는 이름을 가지고 갈 것인가. 아니면 깊게 관찰하고 이해하는 과정을 통해 삶의 행복을 만드는 지혜로 그 이름을 바꿀 것인가. 이것은 번뇌가 선택하는 것이 아닌 번뇌를 바라보는 우리의 선택입니다.

번뇌를 원수로 보시겠습니까? 아니면 친구로 삼으시겠습니까?

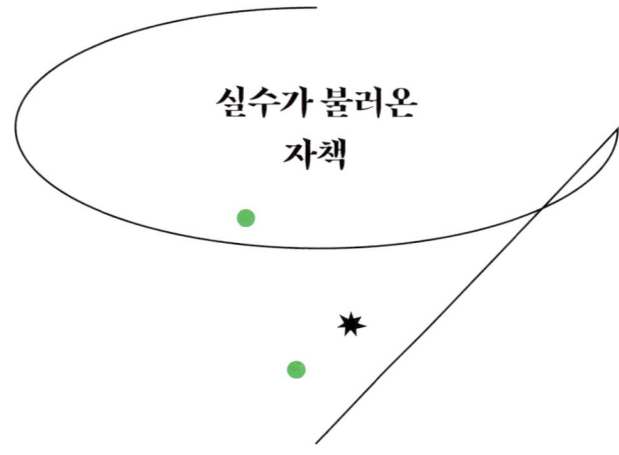

실수가 불러온
자책

미얀마 명상센터에서 돌아오는 길이었습니다. 오랜만에 꺼두었던 핸드폰을 켰고, 무심코 그대로 뒀습니다. 계속 날아드는 알람을 무시하다 10분 정도 지나 밀린 메시지를 확인했지요. 이런저런 메시지들의 끄트머리에 해외에서 사용한 데이터 요금이 4만 원을 초과했다는 내용이 보이더군요.

출국 후 데이터를 쓴 적이 없었기에 당혹스러웠습니다. 가만히 살펴보니 핸드폰을 켬과 동시에 밀린 업데이트가 자동으로 진행된 것이더군요. 잠깐 사이에 4만 원이 낭비되었다는 생각은 메시지를 제대로 챙겨보지 않은 자신에 대한 책망으로 이어졌습니다.

'나도 참 바보 같다. 이렇게 마음챙김을 못 하나? 낭비도 이런 낭비가 없다.'

핸드폰을 끄고 차분히 호흡을 세며 마음을 살펴봤지만, 번뇌의 지껄임은 끊임없었습니다.

실수를 인정하라

한참 마음의 번뇌를 바라보다가 안 되겠다는 생각이 들었습니다. 이미 지나간 일이고, 돌이킬 수 없는 과거의 일에 집착해봐야 아무것도 나아지지 않으니까요. 마음에서 계속 조잘대는 번뇌의 주장을 그냥 인정하기로 했습니다.

'그래 네 말이 맞다! 내가 멍청했다!'

이렇게 생각하니 갑자기 웃음이 났습니다. 번뇌의 끝없는 수다를 이끄는 원동력은 허물을 자신에게조차 인정하고 싶지 않다는 본능적인 방어였습니다. 그 부푼 욕망의 풍선에서 힘을 빼버리자 갑자기 마음의 긴장이 풀려 웃음이 난 것이겠지요.

실수를 있는 그대로 인정하면 그것은 통증이 됩니다. 하지만 우리는 대부분의 경우 잘못을 인정하지 못한 채 지나간 일을 붙잡고 후회와 씨름하며 스트레스를 생산해 냅니다. 그렇게 고통은 증폭됩니다. 고통이란 통증과 스트레스의 합이니까요.

완벽하고 싶은 욕망이 과거를 재고 따지며 끊임없이 조잘댑니다. 산발적으로 일어나는 번뇌의 말들에 귀를 기울이면 이놈은 더욱 신이 나 점점 더 극단적인 표현들로 마음을 자극합니다. 안 그래도 짜증나는 실수에 '너무, 매우, 엄청' 등의 조미료를 뿌려대며 사건을 왜곡합니다.

'너무 안 좋은 말이었잖아! 그 사람 엄청 화났겠다!'

이렇게 조미료까지 등장하면 이제 번뇌의 소리는 조잘대는 수준을 넘어 우리의 마음을 사로잡아버립니다. 주객이 바뀌고 나면 번뇌의 유도로 수치심, 우울함, 분노, 짜증 같은 감정의 수도꼭지가 풀려버립니다. 통제 불능으로 쏟아지는 이 부정적 감정의 스트레스는 또 다른 실수를 연발하게 만들고, 그렇게 다시 삶의 고통이 더해집니다.

고작 10분 동안 스마트폰을 켜둔 것으로 비싼 요금을 치렀습니다. 그럼 그 돈을 수업료로 삼아 지혜를 얻으려 시도해야 합니다. 분노만 얻어가는 것은 손해 보는 장사니까요. 돈을 쓰고 화가 불러오는 짜증, 수치심, 죄책감 등으로 여행을 망치는 길을 선택한다면 이 얼마나 어리석은 일입니까.

지나치게 시간을 끌지 말고 쿨하게 인정하세요. 마음 한구석에서 조잘대는 번뇌와의 줄다리기는 그만하세요. 놓지 않으면 방어 작용으로 욕망의 풍선이 한없이 부풀어 오를 뿐입니다. 그냥 번뇌에게 이렇게 말해주세요.

'그래 네 말이 맞다! 그런데 뭐 어쩌라고?'

그리고 크게 한번 웃어주세요. 완벽하지 않으면 어때요? 실수해도 괜찮아요. 실수는 인정하면 금방 지나가지만, 아니라고 우기기 시작하면 다양한 번뇌들이 다시 일어나니 조심해야 합니다.

두 번째 화살을 맞지 않는 법

붓다의 가르침 중 "두 번째 화살을 맞지 말라"는 말은 우리에게 중요한 방향성을 제시합니다. 당신이 독화살을 맞았다면 첫 번째로 해야 할 일은 무엇일까요? 당연히 독화살을 뽑고 치료를 해야겠죠.

마음을 다스리지 못하면 '누가 화살을 쐈는가, 범인을 어떻게 잡을 것인가, 독이 나를 어떻게 파괴할 것인가'와 같은 생각들에 먼저 휩싸입니다. 어리석은 이들은 이런 숱한 번뇌에 사로잡혀 독화살을 뽑지 못합니다. 독화살 뽑는 것을 방해하고 고통을 증폭시키는 이 번뇌들이 바로 두 번째 화살입니다.

기억해 두세요. 마음속에 '너무, 매우, 엄청'이라는 조미료가

등장하면 두 번째 화살인 분노에 대한 주의보가 떨어진 것입니다. 이 경보가 들리는 순간 당장 독화살부터 뽑아버려야 합니다. 독화살을 뽑는 방법은 실수를 인정하는 것입니다. 그러고 나면 실수는 증폭된 고통이 아닌 있는 그대로의 통증으로 우리에게 전달됩니다.

부디 두 번째, 세 번째, 네 번째……, 무수한 화살들을 맞아 별 것 아닌 일을 엄청난 고통으로 겪어내는 불상사가 없기를, 서둘러 독화살을 뽑아내기를 바랍니다. 분노라는 경보를 지혜롭게 피해 가기를 바랍니다.

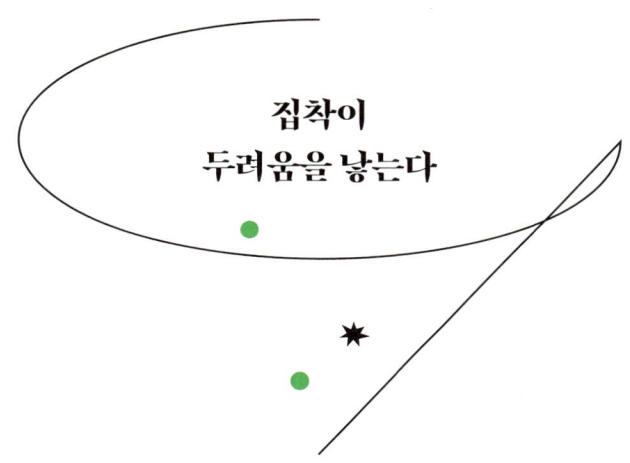

집착이
두려움을 낳는다

사람은 태생적으로 겁쟁이입니다. 생존 본능의 일부인 두려움은 삶을 유지하는 근본이기도 하지요. 두려움이 없는 토끼는 사자의 입속으로 호기심을 품고 들어갈 수 있습니다. 두려움 없이 생존하지 못하는 것이지요.

붓다는 두려움에 대해 이렇게 말했습니다.

"아집이 사라지지 않는 한 두려움은 결코 끝나지 않는다."

보호해야 할 '나'라는 존재가 있는 이상 깊은 본능의 뿌리에서 자라나는 두려움은 결코 사라지지 않습니다. 우리는 생존해야 하니까요. 윤회세계에 새로 태어났다는 것 자체가 여전히 아집이 남아 있음을 의미합니다. 아집은 우리를 끊임없이 겁쟁이로 만듭니다.

겁쟁이인 것은 결코 나쁘지 않습니다. 오히려 적절한 두려움은 안전을 보장하는 삶의 지혜가 됩니다. 하지만 지나친 두려움에 사로잡히면 눈앞에 주어진 행복조차 느끼지 못합니다. 그러니 우리는 태생적 겁쟁이의 한계 내에서 두려움을 조절하는 연습을 해야 합니다.

집착이 어긋나는 공포

두려움이 증폭되는 다양한 원인이 있습니다. 그 핵심은 '집착하는 대로 되지 않음'에 대한 두려움입니다. 원하는 대로 되기를 바라는 것, 원하지 않는 상황을 피하려는 것이 집착입니다. 사람들은 이 두 가지를 이루지 못할까 봐 두려워합니다.

우리를 겁쟁이로 변화시키는 요인 중에는 정신적인 상처인 트라우마도 있습니다. 이것은 이성적인 상처가 아닌 감성적 상처, 즉 해소되지 않은 감정입니다. 그런데 이 트라우마 역시 원하지 않는 것을 피하려는 집착입니다.

어렸을 적 뱀에 물려 뱀을 보기만 해도 까무러치는 사람이 있습니다. 이 사람에게 뱀을 마주치는 일은 분명히 피하고 싶은 상황입니다. 원하는 바가 이루어지지 않아 뱀을 만난다면 그는 겁쟁이가 될 수밖에 없습니다.

만약 그가 트라우마를 극복하고 뱀꾼이 되었다고 해보지요. 이제 그는 더 이상 뱀이 두렵지 않습니다. 돈벌이 수단이 된 뱀은 삶을 윤택하게 만드는 요소입니다. 그러니 그는 오히려 뱀을 만나지 못할까 봐 겁을 냅니다. 똑같은 사람이 예전에는 뱀을 만날까 봐 두려움에 떨었으나, 이제는 뱀을 만나지 못할까 봐 두렵다면, 과연 두려움이란 무엇일까요?

바라는 게 많은 사람은 용감해질 수 없습니다. 역사적으로도 혁명의 주인공은 가진 것 없는 젊은이들인 경우가 많았습니다. 빈손인 청년은 용감하나, 두 손이 가득 찬 중장년은 용감하지 못합니다. 가진 것을 유지하고 싶은 바람과 더 많은 것을 가지고 싶은 욕심 때문입니다. 잃을 것이 많을수록 더 두려울 수밖에 없습니다.

욕심과 두려움 줄이기

두려움을 줄이기 위해서는 집착을 줄일 필요가 있습니다. 그렇다고 집착을 무조건 다 버릴 필요는 없습니다. 사회생활을 편하게 유지하기 위해 필요한 만큼의 바람들은 남겨두고, 비효율적이고 쓸모없는 집착은 덜어내야 합니다.

이를 위해 자신의 마음을 살펴볼 필요가 있습니다. 하얀 종이에 두 가지를 적어보세요. 하나는 삶을 살아가는 데 꼭 필요한 것들이고, 다른 하나는 꼭 필요하지는 않지만 가지고 싶은 것들입니다. 처음에는 두 가지가 명확히 구분되지 않을 수도 있으니 한데 적어도 상관없습니다. 적어놓고 곰곰이 생각해 보면서 필요한 것과 원하는 것을 나누면 됩니다.

책상 위에 붙여놓고 주기적으로 이 목록을 업데이트해 보세요. 필요한 것은 살펴보고, 원하는 것은 되도록이면 목록에서 지워버리는 쪽으로 마음을 바꿔보세요. 그러다 보면 진정 필요한 것은 이미 가지고 있다는 진실을 깨달아 만족감이 높아지고, 과하게 욕심내던 것들은 점점 줄여나갈 수 있게 됩니다.

여전히 원하는 목록을 왜 지워야 하는지 모르겠다고요? 앞서 말했던 것처럼 바라는 것이 많을수록 두려움도 많아지기 때문입니다. 두려움이 많으면 화도 자주 나고, 자신이 수치스럽게 느껴지기도 하며, 죄책감을 가질 만한 행동들을 하게 됩니다. 두려움을 불러오는 욕심은 행복에 도움이 되지 않습니다.

두려움을 줄이기 위해서 원하는 것을 줄이며 살아가야 합니다. 꼭 필요한 것만 가지고 살아가는 연습을 해야 합니다. 이것이 바로 자발적 빈곤, 청빈淸貧의 연습입니다. '빈곤'까지는 아니어도 됩니다. 소욕지족少慾知足하는 마음가짐을 연습하면 두려움을 극복하는 데 분명히 도움이 됩니다.

저는 주기적으로 짐을 정리합니다. 그때마다 라면상자를 기준으로 두세 상자 정도 꼭 필요한 것만 남기고 불필요한 것들을 정리해 다른 도반들에게 나눠주려고 노력합니다. 언제든 가볍게, 두려움 없이 떠날 수 있도록 짐을 줄이는 것이지요. 욕심은 나지만 당장 필요 없는 물건들을 필요한 사람에게 주는 것이 세상을 위해서도 이익입니다.

우리가 이 윤회세계에서 벗어나기 전까지는, 무아의 진리를 깨치기 전까지는 겁쟁이 상태가 유지될 것입니다. 그러니 안심하세요. 당신만이 겁쟁이는 아닙니다. 우리 모두 그렇습니다.

이 사실을 그냥 인정해 보세요. 그럼 스스로 겁쟁이라는 생각에 수치심을 느끼며 전전긍긍하는 데 힘을 낭비하지 않아도 됩니다. 이로써 두 번째 화살을 맞지 않을 수 있습니다. 낭비되지 않은 힘으로 두려움을 줄여나가는 행복한 마음연습이 바로 화살을 뽑아내는 방법입니다.

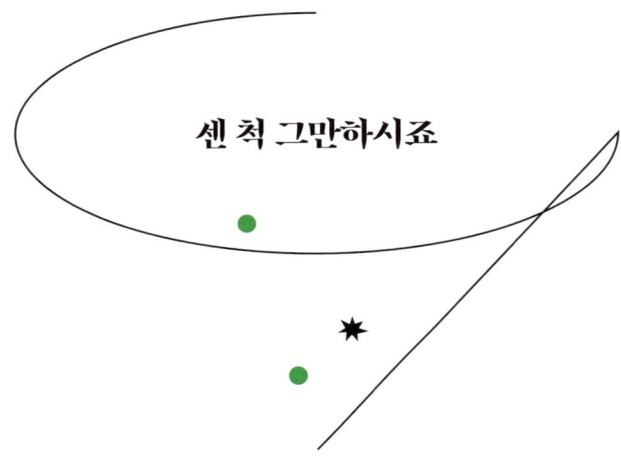

센 척 그만하시죠

종교생활과 직장생활을 잘 구분하지 못하는 사람들이 있습니다. 둘의 차이가 불러오는 딜레마 때문에 마음고생이 심해집니다. 그래서 저는 직장생활에 대해 조언할 기회가 생기면 이 사실을 강조합니다.

"직장은 전쟁터입니다. 목숨 걸고 열심히 하세요!"

종교생활을 할 때는 두려움을 드러내야 합니다. 이런 태도로 임해야만 두려움이 인지되고, 두려움으로 인한 상처가 치유되어 진정으로 용감해질 수 있습니다. 하지만 성공적인 직장생활을 위해서는 두려움을 드러내는 것만이 해결책은 아닙니다. 전쟁터에서 두려움을 드러내고 벌벌 떨기만 한다면 물고 뜯겨 생존이 불가능하겠지요. 그러니 가끔은 두려움을 숨기는 전략이 필요합니다. 다만, 이런 행위의 부작용을 잘 알아야 합니다.

직장생활을 하다 보면 간혹 선배나 상사가 당신에게 비상식적인 모습을 보이거나, 도저히 이해할 수 없는 타이밍에 화를 내는 경우가 있습니다. 본인의 실수를 숨기고 싶을 수도 있고, 그저 당신을 경계하는 것일 수도 있습니다. 상대의 불안한 눈동자에 숨겨진 감정은 바로 두려움입니다.

두려움을 숨기는 전략, 허세

두려움을 가장 효과적으로 숨기는 방법은 센 척하는 것입니다. 분노의 힘을 빌려 되레 상대를 위협함으로써 자신의 두려움을 감추는 방법이지요. 그러니 사실 분노와 두려움은 동전의 양면 같은 것입니다.

제가 군종장교軍宗將校로 근무할 때 작은 강아지를 키웠습니다. 이 작은 놈이 어찌나 사나운지, 큰 풍산개를 만나도 먼저 으르렁거리며 저를 지키겠다고 애를 썼습니다. 결국 한번은 풍산개에게 뒷다리를 물려 큰 상처를 입었는데, 그때 저는 이 작은 강아지가 참 용감하다고 생각했습니다.

전역한 후에는 행복문화연구소 옥상에서 진돗개 두 마리를 키웠습니다. 이름이 무심이와 원심이인데, 둘을 데리고 공원에 산책을 나가면 신기한 장면을 목격할 수 있었습니다. 조그만 개들이 진돗개와 마주치면 일단 깜짝 놀라서 뒤로 주춤 물러섭니다. 그러고는 미친 듯 용맹하게 짖어대죠. 무심이, 원심이는 작은 개들의 짖음에는 전혀 관심이 없다는 듯 쳐다보지도 않는데 말입니다.

진돗개가 겁이 많은 걸까요? 작은 개가 용감한 걸까요?

군대에서 보살핀 작은 강아지는 용감했던 게 아닙니다. 시끄럽게 자주 짖는 개는 오히려 겁이 많아 그런 것이고, 묵묵하게 받아주다 가끔 묵직한 한 방을 날리는 개가 더 강한 쪽이었습니다.

사람도 마찬가지입니다. 여기저기 끊임없이 공격적인 태도를 뿌리며 다니는 이들은 결코 용감한 사람이 아닙니다. 오히려 겁이 많을 가능성이 높습니다. 그들은 타인에게 약자로 보여 짓밟힐 것이 두려워 스스로를 강하게 포장하고 싶어 하지요. 진짜 용감한 사람들은 웬만한 상황에서 화를 내지도 두려워하지도 않으며 평온을 지키는 이들입니다.

두려움이 낳은 이기심

　용감한 척하는 사람들은 두려움으로 꽉 차 있기 때문에 오직 자신만을 위하는 이기적인 성격이 되기 쉽습니다. 그들은 자신의 이익을 위해 몰상식한 짓도 서슴지 않습니다. 항상 센 척하느라 상대방을 몸과 말로 위협하고, 자신의 이익을 위해 남에게 피해를 끼칩니다. 생각해 보세요. 황당하게 허세 부리는 이를 당신이라면 좋아할 수 있을까요?

　붓다는《법구경》에서 이렇게 말했습니다.

　"자신의 행복을 위해 남의 행복을 짓밟는 이는 원한의 사슬에 얽매여 벗어나지 못하리라."

　원한에 묶인다는 것은 남들이 싫어한다는 의미인데, 대체 왜 싫어할까요? 싫어할 만한 짓을 하니까 싫어합니다. 이기적이며, 센 척하고, 타인을 생각할 줄 모르는 어리석음에 휩싸인 겁쟁이를 좋아할 사람은 거의 없습니다. 만약 자신의 주변에 원수 같은 사람들이 많다고 생각하신다면 반드시 점검해보셔야 합니다.

　'내가 그 많은 사람들에게 센 척하면서 원수처럼 행동하지는 않았는가?'

　두 손바닥이 마주쳐야 박수소리가 난다고 하지요. 더군다나 당신 주변에 원수들이 많다면, 당신 또한 원수 같은 짓을 하고 있다는 증거일지도 모릅니다. 평범한 사람들은 대부분 겁쟁이입니다. 이를 인정하고 두려움에 대처하는 매뉴얼을 잘 파악하여 사회생활을 해나가야 합니다. 어쩔 수 없이 가끔은 두려움을 숨겨야 하지만, 지나쳐 원한을 사면 안 됩니다.

두려움을 치유하는 매뉴얼에 따라 마음공부를 병행하기를 권합니다. 부작용들이 최소화되어, 결국은 천둥소리에도 놀라지 않는 사자처럼 진정한 용기를 가질 수 있게 될 것입니다.

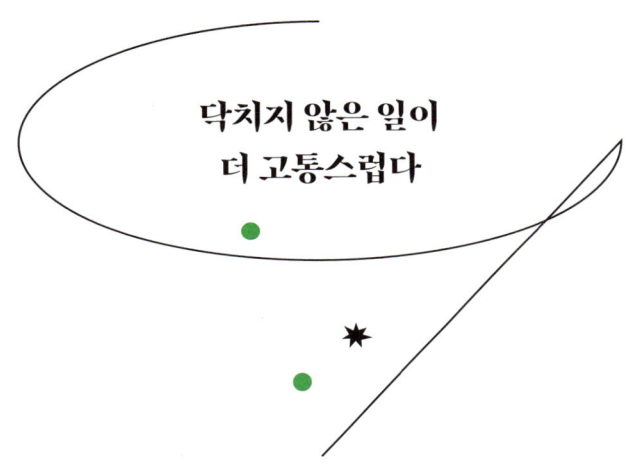

닥치지 않은 일이
더 고통스럽다

붓다가 깨달은 진리는 연기緣起입니다. 이 세상의 모든 일은 원인과 조건에 의해서 일어난다는 말입니다. 너무 당연한 말인가요? 붓다가 말하는 연기에는 숨겨진 뜻이 하나 더 있습니다.

삶의 경험은 모두 원인과 조건에 의해서 일어납니다. 그 경험을 만들어내는 '나'는 없습니다. 이것이 붓다가 말하는 '연기'입니다. 내가 아니라, 원인과 조건에 의해서 생겨나는 삶의 경험들을 우리는 그저 구경할 뿐이라는 이야기입니다. 이러한 연기를 혹업고惑業苦라고 합니다. '혹'은 번뇌의 다른 말입니다. 이

번뇌가 악업을 만들어내고, 이 악업이 고통의 열매를 맺습니다. 고통스러울 때는 더욱 쉽게 번뇌에 빠지기 때문에 다시 혹을 증폭시킵니다. 이 고통의 악순환이 혹업고의 메커니즘이지요.

우리는 번뇌라는 친구가 불러오는 결과물에 대해서도 이해해야 합니다. 악업과 고통, 이 중에서 현실적으로 가깝게 다가오는 것은 고통입니다. 이 고통에 대해 이야기해보겠습니다.

고통은 통증에 번뇌를 더한 것

고통과 통증의 차이는 무엇일까요? 통증은 순수한 아픔입니다. 예를 들어 꼬집힌 피부에서 느껴지는 불쾌한 촉감 같은 것이지요. 그런데 누가 우리를 꼬집었다면, 우리들은 꼬집은 사람에 대한 분노, 원망 같은 감정을 보태 통증을 고통으로 느끼게 됩니다. 고통이란 통증에 스트레스, 즉 번뇌가 더해진 것입니다.

단체로 예방주사를 맞을 때 먼저 맞는 것과 나중에 맞는 것 중 어느 쪽이 더 고통스러울까요? 사람마다 다르겠지만 평균적으로 나중에 맞으면 더 고통스럽다고 합니다. 먼저 맞으면 통증을 증폭시키는 스트레스에 시달리는 시간이 적습니다. 맞고 나면 이런 생각도 들지요.

'생각보다 덜 아프네? 별것 아니었구나.'

하지만 뒤에서 차례를 기다리는 사람은 통증에 대한 두려움과 과거에 주사를 맞던 고통스러운 기억에 내내 시달립니다. 주삿바늘이 혈관을 파고드는 실제의 통증보다 증폭된 스트레스로 인해 더 큰 고통을 겪게 되지요.

고통은 방어를 통해 생존을 가능하게 하는 자연스러운 본능이지만, 지나치게 증폭된 고통은 극단적으로 강해져 오히려 생존을 위협할 수 있습니다. 우리는 단순한 통증에 더해진 고통의 거품을 걷어내야 합니다.

행복의 길을 걷고자 할 때 그 길을 막아선 고통의 산이 있다면 반드시 넘어가야 합니다. 산을 넘는 방법은 아무리 두려워도 직면하는 것입니다. 예방주사 맞던 기억을 떠올려보세요. 용기 있게 먼저 맞으면 생각보다 아프지 않습니다. 아무리 큰 두려움이라도 실제로 부딪혀보면 별것 아닌 경우가 다반사입니다.

고통의 종류

고통에 직면하기 위해서는 먼저 고통이 무엇인지를 알아야 합니다. 고통의 종류를 간단한 말로 사고팔고四苦八苦라고 합니다. 흔히들 '생로병사'라는 말을 쓰지요. 태어남의 고통, 늙음의 고통, 병들어감의 고통, 죽음의 고통. 이것이 바로 네 가지 고통

'사고'입니다. 여기에 다른 네 가지 고통을 더하면 그것이 '팔고'입니다.

현대인은 원하는 것이 참 많습니다. 그중 극소수의 사람만이 원하는 것들을 두루 성취하며 살아갑니다. TV 광고는 온종일 우리의 탐욕을 부추기지만, 현실에서는 그것들을 가지지 못하지요. 원하는 것을 갖지 못하는 고통, 이것이 바로 구부득고求不得苦입니다.

사랑하는 사람과 원하는 만큼 함께할 수 있으면 얼마나 좋을까요? 하지만 우리는 언젠가 헤어집니다. 서로의 마음이 변한 탓도 있지만, 피치 못할 상황이 생기기도 하지요. 무엇보다 죽음이 우리 앞에 놓여 있습니다. 사랑하는 사람과 어쩔 수 없이 헤어질 때의 애간장 녹는 고통이 바로 애별리고愛別離苦입니다.

애별리고와는 반대로 싫은 사람, 원하지 않는 상황을 피하는 게 행복감 유지에 도움이 됩니다. 하지만 살다 보면 어쩔 수 없이 원수 같은 사람을 마주하거나 괴로운 상황에 놓일 때가 있습니다. 끔찍한 상사가 있는 사무실로 매일 출근하는 직장인, 정말 싫은 선임 옆에서 모포 깔고 자야 하는 군인, 그리운 친구를 만나러 나간 모임에서 보기 싫은 상대를 맞닥뜨린 사람. 이렇게 원한과 증오의 대상을 어쩔 수 없이 마주해야 하는 고통이 바로 원증회고怨憎會苦입니다.

생물은 안정을 추구합니다. 생존에 유리하기 때문이죠. 늙지 않고 젊음이 유지된다면 얼마나 좋을까요? 사랑하는 사람과 함께하는 시간이 영원하면 얼마나 좋을까요? 하지만 조건에 따라 끝없이 변화하는 존재의 숙명은 고통을 낳습니다. 안정에 집착하며 끝없는 변화의 흐름에서 발버둥치기에 생겨나는 고통이 바로 오음성고五陰盛苦입니다.

앞서 말한 생, 로, 병, 사, 구부득고, 애별리고, 원증회고, 이 일곱 가지 고통은 모두 오음성고에 포함되는 고통임을 기억하세요.

회피에서 직면으로

사고팔고를 이해하셨다면, 이를 바탕으로 지금 이 순간 자신에게 어떤 고통이 있는지 살펴보세요. 몸과 마음을 잘 살펴보면 이런저런 고통을 발견하게 됩니다. 그 고통들에 이름을 붙여보세요. 그 작업 자체가 이미 고통과 직면하는 수행입니다.

고통과 통증의 차이를 기억하시죠? 고통은 통증에 스트레스를 더한 것입니다. 인간의 몸으로 이 세상을 살아가다 보면 통증을 피할 수 없지만, 고통으로부터 자유로워질 수는 있습니다. 그 핵심은 스트레스입니다. 스트레스를 다스릴 때 고통은 그저 통증일 뿐입니다.

고통을 너무 두려워하지 마세요. 스트레스는 두려움을 먹이 삼아 증폭됩니다. 무작정 피하려고 발버둥치기보다 있는 그대로 통증에 직면해 보세요. 마음을 바꾸는 것만으로 고통을 피할 수 있습니다.

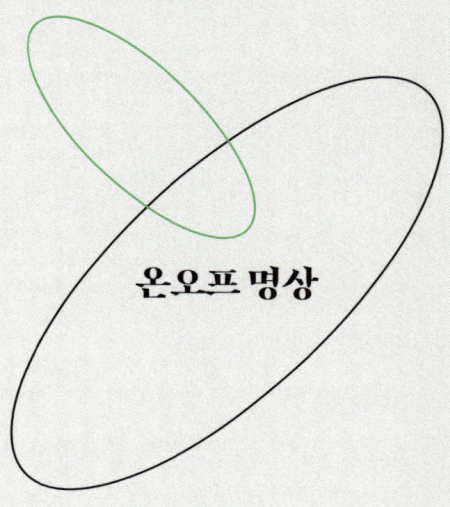

온오프 명상

이번 단계는 앞선 두 가지 기본 명상을 바탕으로 고안된 기법입니다. 주의력 온ON은 원하는 대상에 의식을 두는 것입니다. 주의력 오프OFF는 원치 않는 대상에 빼앗긴 의식을 떼어내는 것이죠. 지금까지 두 가지 명상으로 우리는 주의력 붙이기와 떼기를 각각 연습했습니다. 그럼 이제 주의력 온과 오프를 번갈아 연습하는 온오프ON·OFF 명상을 소개하겠습니다. 터닝 마인드를 위한 세 번째 기본 명상입니다.

명상법

인간은 여섯 가지 감각기관을 통해 세상을 인식합니다. 이를 불교에서는 육근六根이라고 하는데, 눈, 귀, 코, 혀, 피부, 의식을 가리킵니다. 이 감각기관들은 각기 서로 다른 종류의 대상을 감각합니다. 예를 들어 눈은 보이는 대상을, 귀는 소리를 감각합니다. 이처럼 육근이 감각하는 대상을 육경六境이라고 하는데 형상, 소리, 향기, 맛, 촉감, 생각입니다.

주의력 온오프 명상을 따로 육근 명상이라고도 부르는데, 육근과 육경을 대상으로 주의력 온과 오프를 반복하기 때문입니다. 처음은 역시 심호흡으로 시작하세요. 마음이 조용해지면 주의력을 두 눈에 둡니다. 주의력을 온한 채 눈 주위에서 느껴지는 다양한 현상을 관찰합니다. 눈 주위에 더 이상 살펴볼 것이 없으면 눈에서 주의를 오프하여 귀로 온합니다. 이제 귀 주변에서 느껴지는 감각과 귀를 통해 느껴지는 대상들을 관찰합니다. 더 이상 살펴볼 것이 없다면 이번에는 귀에 붙어 있는 주의력을 떼서 코로 붙입니다. 그럼 코 주변 감각과 코를 통해 느껴지는 대상들이 있습니다.

이렇게 코에서 혀로 다시 혀에서 피부로, 피부에서 의식으로, 의식에서 다시 눈으로 반복합니다. 정해진 시간만큼 여섯 가지 감각기관을 순환하며 온과 오프를 연습하고, 또 관찰하는 것이 이번 명상의 과정입니다.

1 편한 자세로 앉아 눈을 감는다. 바닥에 반가부좌를 해도 되고, 의자에 앉아도 된다.

2 심호흡을 세 번 해 몸과 마음을 충분히 이완시킨다.

3 심호흡을 한 후 '나는 삶의 주인이 되기 위해 주의력을 연습합니다'와 같은 말을 마음에 새겨 명상의 목적을 상기하고, 15분간 명상을 시작한다.

4 눈에 주의력을 온하여 느껴지는 감각을 관찰한다. 충분히 관찰한 다음 눈의 주의력을 오프하고, 귀에 주의력을 온한다. 이렇게 눈, 귀, 코, 혀, 피부, 의식에 주의력을 차례로 온하고 오프하기를 반복한다.

5 명상을 마친 후, 15분간 명상을 훌륭히 해낸 자신을 칭찬하며 마무리한다.

명상 플러스

부지런히 기본 명상을 실천한 여러분은 이런 사실을 알게 되었을 것입니다. 주의력을 원하는 대상에 두기가 생각보다 어렵다는 것과 우리가 끝없이 다른 대상에 주의력을 생각에 빼앗긴다는 것을 말입니다.

우리는 많은 시간을 생각에 주의력을 빼앗긴 채 살아갑니다. 쓸데없는 잡생각 때문에 고생하는 것이지요. 주의력을 붙였다 떼었다 하는 것은 잡생각을 다스리기 위한 가장 기본적인 훈련입니다. 생각이 일어나면 주의력을 그 생각에서 떼어내 집중점에 다시 붙이는 방법으로 조절이 가능하니까요. 육근에 차례대로 주의력을 붙였다 떼는 온오프 연습을 하다 보면 어느새 주의력을 자유롭게 옮길 수 있게 됩니다.

명상 목표

명상의 목표는 명상의 목적과 연결됩니다. 주의력 온과 오프가 자유로워져 그 힘이 일상에서 적용되는 것이 명상의 목표입니다. 조절되지 않는 감정이나 잡생각, 집중해야 할 때에 산란해지는 마음 등, 주의력을 빼앗기고 싶지 않은 대상에 주의력이 온 되었을 때 그것을 거둬들이는 힘을 가지는 것이 목표입니다.
주의력 온오프 명상의 반복연습을 통해 일상에서 몸과 마음의
진정한 주인이 되기를 바랍니다.

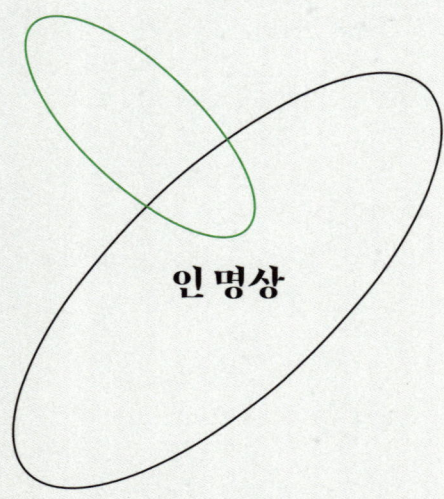

인 명상

터닝 마인드를 일상으로 연결하기 위한 네 번째 기본 명상을 소개하겠습니다. 이 세계는 매우 다양한 스케일이 중첩되어 있습니다. 미시세계와 일상세계 그리고 거시세계의 객관세계가 겹쳐져 있고, 개인의 주관적 세계 또한 무수히 겹쳐져 있습니다. 내면을 바라본다는 것은 산란하게 흩어져 있던 주의력을 면전의 주관세계로 되돌리는 것입니다. 이를 위해서는 마치 사진을 '줌 인ZOOM IN' 하듯 정해진 초점을 중심으로 세계의 차원을 이동하는 마음의 기술이 필요합니다.

명상법

네 번째 기본 명상인 주의력 인IN은 '줌 인ZOOM IN'이라는 명칭에서 예측할 수 있듯이 바깥으로 펼쳐져 있는 경험의 세계를 면전으로 가져오고, 그 면전의 자각 안에서 경험을 자세하게 관찰하는 명상입니다. 명상을 통해 관찰의 힘을 얻으려면 기술을 사용해야 합니다. 그것은 바로 코끝 바라보기입니다.

코끝 바라보기는 숨을 들이쉬고 내쉬는 동안 코끝에서 일어나는 일을 있는 그대로 관찰하는 명상입니다. 보통 숨을 들이쉴 때는 거친 느낌이 일어나서 감각을 잡기 쉽지만, 내쉴 때는 감각이 상대적으로 미세해서 난이도가 조금 더 높습니다. 또한 호와 흡의 순간 중심점이 되는 코끝의 감각이 계속 달라지기 때문에 사띠를 두는 것이 쉽지 않습니다. 하지만 어려운 과제를 성공적으로 소화하면 오히려 사띠의 질이 상승할 것입니다.

처음은 먼저 심호흡을 10번 정도 깊게 합니다. 마음이 안정되면 코끝에 사띠를 두는 마음의 일을 시작합니다. 코끝을 바라보는 명상은 호흡명상으로도 볼 수 있지만, 이것은 엄밀히 말하면 코끝의 감각에 마음을 두는 것입니다. 호흡의 길이, 깊이, 리듬 등을 바라보는 인위적인 호흡은 하지 않습니다. 자연스럽게 본인의 습관대로 호흡하면 됩니다. 코끝의 감각을 바라보는 사띠의 질이 높아지면, 호흡을 어떻게 하는지에 대해서는 신경 쓰지 않게 될 것입니다. 그저 코끝의 감각이 어떻게 변화하는지만 살펴보면 됩니다.

중심점에서 벗어난 대상은 있는 그대로 자연스럽게 경험합니다. 경험이 흘러가면 흘러가는 대로 두고, 머무르면 머무르는 대로 경험합니다. 그 과정에서 코끝을 놓쳤다면 곧바로 다시 코끝으로 되돌아갑니다. 만약 감각이 쉽게 잡히지 않는다면 심호흡을 3회 정도 반복한 후 코끝으로 되돌아가서 자연스럽게 다가오는 대상을 경험합니다.

이처럼 인 명상은 사띠의 등불이 반복적으로 켜졌다 꺼지는 과정 속에서 자연스럽게 주어지는 경험을 이어나갑니다. 호흡 속에서 일어나는 코끝의 감각은 태어나서 죽을 때까지 항상 나와 함께 하기에 생의 모든 시간 동안 사띠를 둘 수 있습니다. 숙련도가 높아질수록 점점 강렬해지는 자각의 빛 안에서 번뇌와 망상 그리고 지혜의 경험을 있는 그대로 관찰하는 것이 바로 인 명상입니다.

1	편한 자세로 앉아 눈을 감는다. 바닥에 반가부좌를 해도 되고, 의자에 앉아도 된다.
2	심호흡을 열 번 해 몸과 마음을 충분히 이완시킨다.
3	우선 "나는 삶의 주인이 되기 위해 주의력을 연습합니다"와 같은 말을 마음에 새겨 명상의 목적을 상기하고, 15분간 주의력을 중심점인 코끝에 인한다.
4	중심점에서 벗어난 대상은 있는 그대로 자연스럽게 경험한다. 만약 그 과정에서 코끝을 놓쳤다면 곧바로 다시 코끝으로 되돌아간다.
5	명상을 마친 후, 15분간 명상을 훌륭히 해낸 자신을 칭찬하며 마무리한다.

명상 플러스

온 명상은 집중점에 주의력을 두는 훈련입니다. 오프 명상은 이 기본을 토대로 방해물에서 주의력을 떼어내는 훈련입니다. 온 오프 명상은 의도적으로 6가지 중심점을 순환하면서 주의력을 붙였다 떼는 마음의 놀이입니다. 이 세 가지 기본 명상을 통해 주의력 조절이 어느 정도 능숙해졌다는 전제에서 시작할 수 있는 훈련이 바로 인 명상입니다.

인 명상에서는 방해물을 처리하는 과제 방식이 추가됩니다. 주의력을 중심점에 두는 것은 온 명상과 동일합니다. 다만 방해물이 생겼을 때 이를 확대하여 관찰한다는 점이 다릅니다. 인 명상은 오프 명상과 달리 집중하는 것이 목적이 아니라, 코끝이라는 중심점에 닻을 내리고 방해물에 주의력을 옮기면서 관찰하는 것입니다. 이것이 망상에 빠지지 않고 망상을 관찰하는 기본 훈련입니다.

명상 목표

인 명상의 목표는 두 가지입니다. 첫째, 일상의 경험을 면전으로 가져오는 '줌 인ZOOM IN'을 통한 회광반조입니다. 둘째, 코끝에 사띠를 두는 깨어있음 속에서 만사를 확대한 듯 자세하게 경험하기 위함입니다. 인 명상이라는 것은 이 두 가지 목표에 대한 중의적 의미를 담고 있습니다.

수영 실력이 부족한 사람들이 강에서 놀기 위해서는 튜브가 필수이듯, 번뇌의 흐름 속에서 위빠사나 놀이를 즐기기 위해서는 코끝에 중심을 두는 준비가 꼭 필요합니다. 문제없는 튜브를 준비했다면 안심하고 번뇌 속으로 들어가 관찰의 물놀이를 즐기면 됩니다. 만약 튜브를 잃어버리고 번뇌에 빠져 허우적거린다면 온과 오프에서 연습한 마음의 기술로, 다시 코끝으로 되돌아오면 됩니다.

인 명상을 할 때는 과감하게 번뇌 속으로 들어가야 합니다. 코끝에 묶어둔 주의력 인IN에서 망상을 자세히 관찰하여 실패와 재도전을 반복하는 것이 바로 인 명상의 핵심입니다. '번뇌즉보리'의 연금술을 익히기 위한 기본 훈련을 통해 일상의 경험을 깨달음의 기회로 승화시키길 바랍니다.

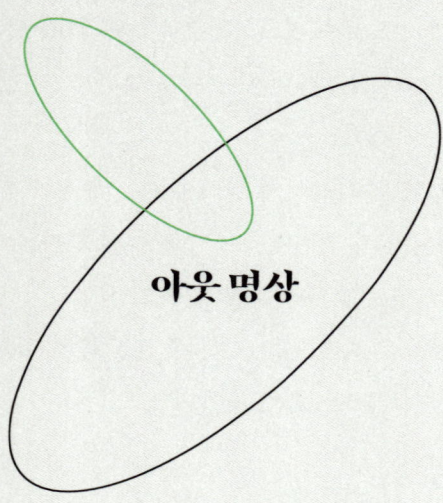

아웃 명상

터닝 마인드를 일상으로 연결하기 위한 다섯 번째 기본 명상을 소개하겠습니다. 영화 <매트릭스>의 마지막 장면은 매우 유명합니다. 자신의 경험이 허구에 불과하다는 것을 깨달은 주인공은 하늘을 올려다보며 일상의 세계에서 돌연 '줌 아웃ZOOM OUT'하고 날아오릅니다. 많은 사람들은 날아가는 것에 집중했지만, 저에게는 그 중간 과정인 줌 아웃이 돋보였습니다.

인간은 신체와 더불어 신체와 거의 유사한 에너지체를 지니고 있습니다. 우리의 일상적인 인식 범위는 이 에너지체에 갇혀 있습니다. 갇힘에서 벗어나 인식의 자유를 경험하기 위해서는 줌 아웃을 활용해야 합니다.

명상법

다섯 번째 기본 명상인 주의력 아웃OUT은 '줌 아웃ZOOM OUT'이라는 명칭에서 예측할 수 있듯이 일상 속에서 경험되는 좁은 의식에서 벗어나 광대한 의식을 경험하기 위한 명상법입니다.

아웃 명상은 가슴과 호흡의 움직임을 사띠의 대상으로 둡니다. 마음의 일은 다음과 같습니다. 심호흡을 깊게 합니다. 그 과정에서 가슴이 팽창하고 수축되는 경험에 사띠를 둡니다. 호흡에 따라 팽창과 수축이 일어나는 리듬에 마음이 안정되면 범위를 가슴에서 온몸으로 확대합니다. 그렇게 온몸이 호흡에 따라 변화하는 느낌을 경험합니다.

이 과정 속에서 수행자는 다양한 심상을 경험하게 됩니다. 차갑고 뜨거운 느낌, 간지럽고 따가운 느낌, 몸이 사라지는 것 같은 느낌, 육체의 일부가 수축하거나 팽창하는 느낌, 혹은 각종 심상 속 이미지 등을 경험하게 됩니다. 이는 일상적인 시공간에 대한 인식과는 완전히 다르기에 두려움이나 공포를 느낄 수도 있고, 반대로 즐거움을 느끼며 집착하게 될 수도 있습니다. 이때 기억해야 하는 원칙은 어떤 심상을 경험하든 모두 심상일 뿐이라는 것을 알고 다시 호흡에 따른 팽창과 수축에 사띠를 두는 것입니다.

아웃 명상은 몸과 마음이 이완된 상태에서 시작하는 것이 유리합니다. 먼저 방해받지 않는 조용한 장소에서 편안하게 앉거나 눕습니다. 그리고 긴장이 풀리고 이완될 수 있도록 심호흡을 깊게 합니다. 만약 긴장감이 사라지지 않는다면 온 명상을 5분 정도 경험하면서 이완해 주는 것도 좋은 방법입니다. 이제 가슴을 중심으로 호흡이 불러오는 팽창과 수축을 경험합니다. 그 속에서 자연스럽게 몸과 마음이 이완되는 것을 경험합니다.

가슴의 움직임을 안정적으로 바라보고 있다면 이번에는 온몸으로 호흡합니다. 만약 감각이나 생각 등에 사로잡혀 중심점을 놓쳤다면 다시 심호흡부터 시작합니다. 방해물에서 벗어났을 때의 핵심은 긴장 완화입니다. 가슴으로, 온몸으로 호흡하면서 팽창과 수축을 경험합니다. 만약 심상으로 신기한 경험이 일어난다면 그 경험을 그대로 둔 채 마음의 일을 반복합니다.

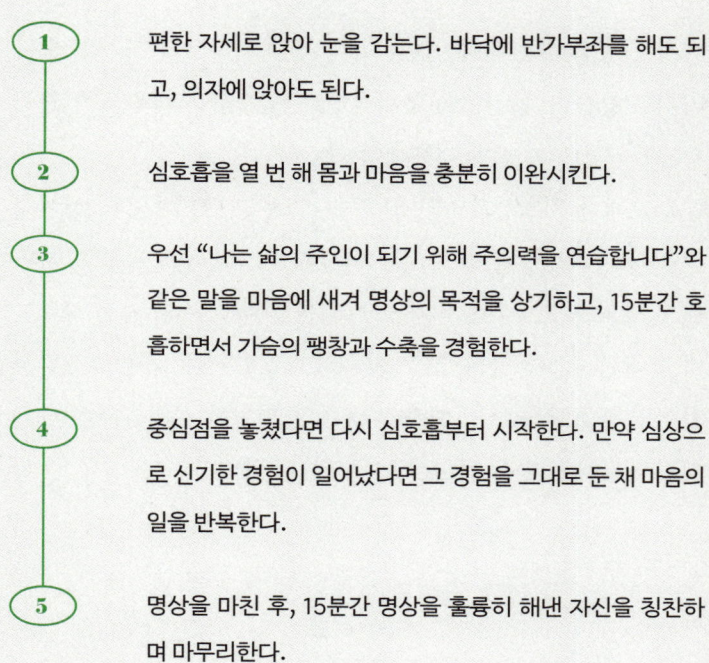

1. 편한 자세로 앉아 눈을 감는다. 바닥에 반가부좌를 해도 되고, 의자에 앉아도 된다.

2. 심호흡을 열 번 해 몸과 마음을 충분히 이완시킨다.

3. 우선 "나는 삶의 주인이 되기 위해 주의력을 연습합니다"와 같은 말을 마음에 새겨 명상의 목적을 상기하고, 15분간 호흡하면서 가슴의 팽창과 수축을 경험한다.

4. 중심점을 놓쳤다면 다시 심호흡부터 시작한다. 만약 심상으로 신기한 경험이 일어났다면 그 경험을 그대로 둔 채 마음의 일을 반복한다.

5. 명상을 마친 후, 15분간 명상을 훌륭히 해낸 자신을 칭찬하며 마무리한다.

명상 플러스

아웃 명상은 이완된 감각이 중요합니다. 보다 정확한 표현은 긴장과 이완이 적절히 조율된 마음이 필요합니다. 현대인들은 대부분 긴장한 상태로 살아가기 때문에 이완을 강조한 것입니다. 만약 명상을 할 때 너무 이완돼서 잠에 빠진다면 호흡을 통해 다시 긴장을 살려내야 합니다. 이 과정은 긴장과 이완의 줄다리기와 같습니다. 긴장이 우위라면 이완의 힘을 키우고, 이완이 우위라면 긴장에 힘을 더해줘야 합니다.

선불교에서는 긴장과 이완의 균형이 적절해진 마음을 '성성적적'하다고 표현합니다. 번뇌는 이완의 힘으로 고요해지고, 사띠는 긴장의 힘으로 강렬하게 유지되는 상태입니다. 이런 상태는 마음 훈련을 실천할 수 있는 최고의 조건입니다. 그리고 건강과 활력의 중요한 요소인 자율신경 또한 적절한 균형을 유지하게 되면서 육체도 좋은 컨디션을 유지하게 됩니다.

명상 목표

아웃 명상의 목표는 두 가지입니다. 첫째, 호흡의 팽창과 수축에 몰입함으로써 다양한 심상을 경험하기 위함입니다. 둘째, 일상의 인식과 다른 시공간적 인식을 경험하기 위함입니다. 이러한 명상의 목표를 달성할 때 수행자는 일상적 경험이 고정불변하고 절대적인 것이 아님을 경험할 수 있게 됩니다.

아웃 명상에서 주의해야 할 점은 세 가지입니다. 첫째, 긴장과 이완이 깨지는 것입니다. 너무 긴장하면 번뇌가 산만해지면서 마음의 일을 실천하는 것이 어렵습니다. 반면 너무 이완되면 몸과 마음이 느슨하게 풀려서 완전히 잠에 빠질 수 있습니다. 그렇기에 적절하게 긴장과 이완을 조율하는 노력을 이어가야 합니다.

둘째, 졸음에 빠지는 것에 대한 관점을 바꿔야 합니다. 특히 아웃 명상의 경우 이완을 강조하기에 반쯤 조는 상태로 나아가는 경우가 많습니다. 이때 완전히 잠에 빠지지 않고 깨어있음의 힘을 유지한다면, 아웃 명상의 목표인 일상적 지각을 넘어서는 경험을 하기도 합니다. 그렇기에 반쯤 조는 상태는 명상을 잘못하고 있는 것이 아닙니다. 일상과 다른 열린 지각을 경험할 수 있는 기회로 활용할 수 있는 순간입니다.

셋째, 일상의 갇힌 지각에서 벗어나 신기한 경험들을 겪을 때 도망가거나 붙잡고 집착할 필요가 없습니다. 도망가면 긴장 때문에 명상의 진전이 없고, 집착하면 그 경험에 빠지면서 긴장과 이완의 균형이 깨지게 됩니다. 어떤 심상이 나타나든지 이 경험은 그저 무의식의 반영인 환상이라는 것을 기억하고 오직 마음의 일을 반복해야 합니다. 원리는 똑같습니다. 방해물이 나타나면 중심점으로 되돌아와야 한다는 것. 주의력 아웃 명상의 반복 연습을 통해 육체와 에너지체에 갇힌 인식의 자유를 누리시기를 바랍니다.

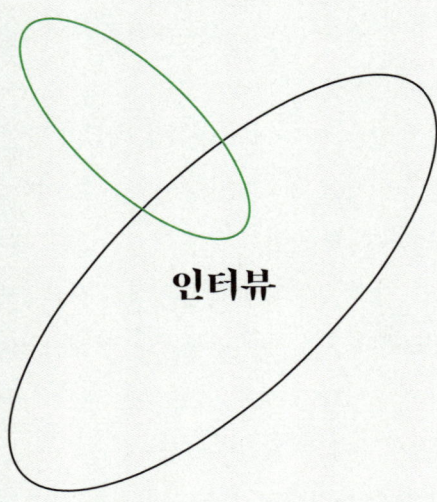

인터뷰

기본 명상 다섯 가지를 번갈아 연습하면서 주의력 온오프, 인아웃에 익숙해지셨나요? 헷갈리는 부분이 있을 것입니다. 적은 분량의 글로 명상의 핵심과 장애 그리고 극복 방안을 온전히 전하기란 불가능합니다.

그렇기에 본래 명상을 배울 때는 기법을 실천하는 과정에서 주기적으로 명상 선생님과 인터뷰를 진행합니다. 이는 명상 연습 못지않게 중요한 과정입니다. 잘못된 명상법의 수정이 가능하고, 게으름이 생길 때는 다시 열심히 할 수 있는 계기가 되며, 잘

하고 있을 경우에는 명확한 확인을 통해 자신감이 붙지요.

명상의 길은 보이지 않는 주의력과의 씨름입니다. 항상 의구심이 생길 수밖에 없지요. 아무런 의심도 일어나지 않는다면 도리어 그것이 이상한 일입니다. 의심을 확신으로 전환하기 위한 인터뷰는 도약을 위한 큰 기회가 되어줍니다.

인터뷰 방법

인터뷰는 명상이라기보다는 명상을 보조하는 프로그램입니다. 명상만큼 중요한 역할을 하기 때문에 여섯 번째 기본 명상 주제로 삼아 간단히 알려드리려 합니다. 인터뷰를 위해서는 반드시 현재 진행하는 명상 기법에 숙련된 명상 선생님이 필요합니다. 얼마만큼 신뢰하는 선생님과 진행하느냐에 따라 결과가 크게 달라집니다.

명상 인터뷰를 통해 선생님과 나누는 대화는 크게 세 가지 주제로 나뉩니다.

첫째는 단순한 명상 수행 보고입니다. 명상의 횟수, 시간, 종류 등을 선생님과 정한 후 자습하고, 이를 얼마나 잘 실천했는지 솔직하게 구체적으로 보고합니다. 예를 들어 주 7회, 15분씩, 주의력 온 명상을 하기로 했는데, 주 5회는 실천했지만 두 번은 빼먹었다면 그대로 보고하는 것이지요.

둘째는 명상 중에 생긴 기법에 대한 의문을 질문하는 것입니다. 이 주제가 보통의 질의응답에서 다뤄지는 내용입니다. 명상 기법의 미묘한 차이를 구분해 받아들이지 못하면 이해가 되는 듯하다가 다시 의문이 생기기를 반복하게 마련입니다. 이해 부족으로 잘못된 명상을 행하면 성과를 얻을 수 없습니다. 잘못된 습관이 들지 않도록 적극적으로 질문해야 합니다.

셋째는 명상을 통해 나타난 성과에 대한 보고입니다. 기본 명상다섯 가지는 모두 기대되는 성과가 다릅니다. 온 명상이 잘 진행되면 깨어있음의 질이 좋아집니다. 오프 명상은 집중 상태에 들어갈 수 있게 합니다. 온오프 명상을 통해서는 몸과 마음에 대한 관찰력 향상과 함께 주의력을 활용하는 힘이 늘어납니다. 인 명상은 깨어있음을 유지한 채로 일상생활을 이어가는 힘을 키울 수 있게 됩니다. 아웃 명상을 통해서는 평소의 제한된 지각에서 벗어나 변형된 시공간에 대한 지각을 경험할 수 있습니다. 이러한 성과들을 인터뷰 중에 보고하게 됩니다.

인터뷰의 효과

1. 첫 번째 수행 보고를 하는 것만으로도 명상수행을 더 열심히 할 수 있습니다. 명상을 잘 하지 못했다고 보고해도 선생님은 비난하지 않습니다. 오히려 괜찮다고 위로해주겠지요. 하지만 스스로 선생님에게 잘못한 내용을 보고하면서 부끄럽게 여기는 마음이 일어 잘 실천하려고 노력하는 분발심이 생길 것입니다.

2. 두 번째 주제인 기법에 대한 질문을 통해 의문이 해결될 때 우리는 스스로의 명상수행에 대한 확신이 생깁니다. 의심을 해결하고 오류를 수정할 때 올바른 명상수행이 가능해지고, 잘못된 습관을 피해갈 수 있습니다. 특히, 오랜 기간 수행하고도 성과가 나지 않는 경우에는 수행에 대해 의기소침해지는데, 이를 방지하기 위해서는 기법에 대한 명확한 이해가 필수입니다.

3. 세 번째 주제인 성과에 대한 보고는 성과의 진위여부를 확인할 수 있을뿐더러 명상수행의 진정한 목적인 지혜로의 연결에 도움이 됩니다. 명상수행을 통해 신기한 경험을 하거나, 깊은 의식상태를 경험하는 것은 중요한 문제가 아닙니다. 하지만 많은 사람들이 그런 체험에 빠지는 경향이 있습니다. 그보다는 명상수행을

통해 지혜가 생기는 것이 매우 중요합니다. 성과에 대한 보고를 통해 샛길로 빠지는 것을 방지하고, 몸과 마음에 대한 이해가 지혜로 연결될 기회를 얻게 됩니다.

유의사항

1. 인터뷰를 시작하기 전 선생님에 대한 예의를 표시하는 것이 중요합니다. 인터뷰는 신뢰의 크기에 따라 효과가 극적으로 달라지기 때문입니다.

2. 인터뷰를 위한 준비는 필수입니다. 미리 세 가지 주제에 대해 메모하고 생각을 정리해두는 것이 원활하게 인터뷰를 이어나가는 데 큰 도움이 됩니다.

3. 개별 인터뷰가 아닌 단체 인터뷰에 참여할 경우, 다른 도반들의 인터뷰를 주의 깊게 듣는 것이 큰 도움이 됩니다. 명상 시 나타나는 현상이나 의문들이 비슷한 경우가 많으므로, 도반의 질문과 그에 대한 답변에는 공통적으로 필요한 내용이 많이 담겨 있습니다. 또한 타인의 인터뷰를 귀 기울여 듣는 것은 객관적인 입장에서 명상을 보고 배울 수 있는 기회입니다.

4. 명상 인터뷰는 선생님과 미리 약속을 하고 진행하기

를 권합니다. 서로 마음의 준비가 되었을 때 인터뷰를 진행해야 효과가 좋습니다. 정기적으로 인터뷰 날짜를 정하는 것도 좋은 방법입니다.

5. 모든 유의사항의 기본이 되는 것은 신뢰와 예의입니다. 선생님을 신뢰하는 만큼 예의를 지키는 것이 중요합니다. 또한 인터뷰에 임할 때는 스스로에게 정직해야만 합니다. 명상 수행에 대한 있는 그대로의 보고는 혹시 모를 문제의 발생을 방지하기 위한 필수 조건입니다.

PART 3.
온전히 나다운
삶을 위한
터닝 마인드 5단계

Turning Mind

믿음의 강과 이해의 사막을 건너
실천의 바다로 뛰어들 준비가 되었나요?

이제 여러분은 스스로의 존귀함을 보다
확고하게 받아들이는 과정에 들어섭니다.

행복의 여정에서는 좁은 시야를 넓게 확장하고,
두려움에 걸어 잠근 마음의 문을 열게 됩니다.

열린 마음에는 사랑을 담습니다.
그 사랑을 인연이 된 사람들과 주고받습니다.
이 모든 과정을 거쳐 여러분은 온전한 성인으로 존립하게 됩니다.

마음의
시야를
넓혀라

신념은 세상을 바라보는 눈입니다.
이 눈이 잘못된 사람은
오해를 생산하는 공장으로 변해버리지요.

충격적인 사실은
모든 신념이 잘못되었다는 점입니다.

신념은 과거를 먹고 자라납니다.
하지만 우리가 신념의 눈으로 바라보는 세상은
과거가 아닌 현재입니다.
신념은 현재를 있는 그대로 바라보지 못하게
만드는 장애물일 뿐입니다.

지나간 과거의 망령이 현재를 사로잡는 순간,
우리는 어릿광대처럼 신념에 놀아납니다.
아무리 매력적인 신념도 반드시 의심해봐야 합니다.

이렇게 생각해보세요.
'내가 바라보는 것은 진실이 아니다.'
더 이상 과거에 사로잡히고 싶지 않다면,
신념에 놀아나는 어릿광대에서 벗어나고 싶다면,
오해는 그만하고 진실을 바라보고 싶다면,
고통에서 벗어나 행복해지고 싶다면!

당신이 믿는 그것이 진실이 아님을
반드시 기억하셔야 합니다.

기억을 바탕으로 진실이 아닌 것에
쓸데없이 고집을 부리는 자신을 바라보세요.
고집과 집착으로부터 벗어나세요.

고집을 버리는 것만으로도
우리의 마음은 확장되고 자유로워집니다.

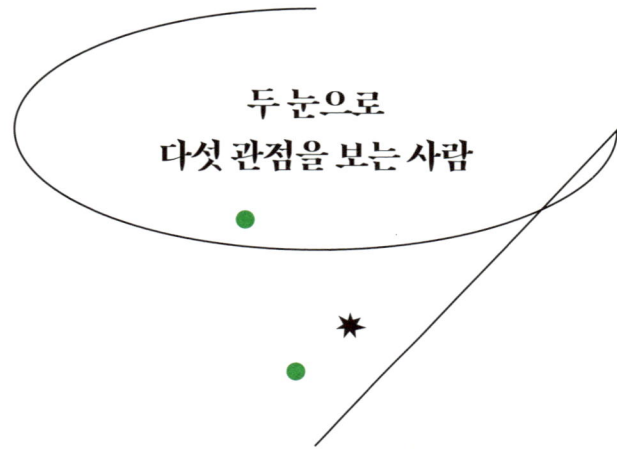

두 눈으로
다섯 관점을 보는 사람

　사람들은 눈을 두 개 가지고 태어납니다. 보통 두 개의 눈을 가지고도 한 가지밖에 보지 못합니다. 하나밖에 보지 못하면 안목이 좁아지고, 그에 맞춰 속이 좁아집니다. 반대로 두 눈으로 다섯 가지를 한 번에 보는 사람도 있습니다. 다양하게 보는 사람은 시야가 넓어지고, 그렇게 넓어진 품으로 많은 사람들을 포용합니다.

한 가지 입장만 보는 사람

두 개의 눈으로 하나만 보는 사람은 남의 입장, 나의 입장 중에 한 가지밖에 보지 못합니다. 내 입장에 사로잡히면 그것만이 진실이라고 생각하게 마련이지요. 이렇게 되면 숱한 분쟁과 다툼에 시달리게 되고, 전쟁 같은 삶, 아무도 곁에 다가오지 않는 지독하게 외로운 삶을 살아가게 됩니다. 마지막까지 자신의 외로움이 세상 탓, 즉 남의 탓이라고 우기며 스스로를 위로하니 참 안타까운 일입니다.

반대로 남의 입장만 생각하는 사람은 오지랖이 지나치고, 눈치를 많이 봅니다. 개중에는 착한 사람 콤플렉스를 가진 경우도 있습니다. 남의 입장을 고려해야 한다는 생각에 사로잡혀 강박관념이 된 것입니다. 주변에 많은 사람이 함께해도 항상 자신감이 없고, 눈치 보며 살아가게 됩니다.

가장 좋은 경우는 두 관점을 동시에 적절하게 바라보는 것입니다. 나와 남의 입장을 함께 고려할 때 우리는 진실에 가까워집니다. 살면서 경험하는 본질을 이해하는 힘이 됩니다.

여러 가지를 동시에 보는 사람

앞선 경우들과 다른 방식도 있습니다. 부분을 자세하게 바라보는 미시적 관점과 전체를 바라보는 거시적 관점입니다. 미시적 관점을 강조하는 사람은 꼼꼼하고 정확하지만 타인 입장에서는 답답하게 느껴질 수 있습니다. 반대로 거시적 관점을 강조하는 사람은 탁 트이고, 자유로운 느낌을 주지만 허술한 부분이 많을 수 있지요.

이 두 관점 역시 서로 조화를 이룰 때 세상을 진실에 가깝게 바라보게 됩니다. 세밀하게 따져봐야 할 때는 미시적으로 살피고, 큰 그림을 그려야 할 때는 작은 것에 연연하지 않아야 합니다.

다른 사람들에게 좋은 영향을 미치는 리더가 되고 싶다면 나와 남, 부분과 전체, 이 네 가지를 두루 살필 수 있어야 합니다. 조화로운 안력眼力을 갖춰야만 처한 상황마다 인과 연을 명확하게 살펴 적절한 해답을 제시할 수 있고, 그러할 때 주변을 편안하게 만드는 힘, 안력安力이 커집니다.

여름의 태양처럼 강렬한 욕망으로 이기적일 줄도 알고, 봄날의 햇살처럼 한없이 자비로우며, 겨울의 칼바람처럼 냉철한 지성으로 세밀하게 분석하고, 가을 하늘처럼 높은 관점에서 큰 그림을 제시하는 리더에게 누가 반하지 않을 수 있을까요?

깨달은 자의 눈

앞서 두 눈으로 다섯 가지를 한 번에 바라보는 이가 있다고 말씀드렸습니다. 나, 남, 미시, 거시, 그리고 나머지 한 가지는 무엇일까요? 그것은 '진실'을 보는 눈입니다. 있는 그대로를 바라보는 눈이죠. 앞의 네 가지 관점이 인간이 가진 육근의 한계 속에서 훈련을 통해 개발이 가능한 안력이라면, 마지막 진실의 눈은 인간의 한계를 뛰어넘을 때 가질 수 있는 눈입니다. 이것을 여실지如實智, 즉 반야般若의 눈이라고 합니다. 오직 윤회의 꿈을 깨는 깨달음을 통해 생겨나는 눈입니다.

다섯 번째 눈을 갖춘 사람은 자신의 의지로 세상의 리더가 될 수도 있고, 세상을 초월한 리더가 될 수도 있습니다. 붓다처럼 세상 사람들과 세속을 떠나 출가한 수행자들, 그리고 천신들까지도 따르고 존경하는 엄청난 매력의 소유자가 되는 것이지요.

사람들은 자신이 보지 못하는 진실을 제시하는 이에게 매력 혹은 질투를 느끼지만, 다섯 번째 눈을 지닌 이의 위엄 앞에서는 본능적 질투조차 느낄 수 없습니다. 깨달음의 위엄이 함께하는 이에게 우리는 질투가 아닌 걷잡을 수 없는 매력을 느끼게 됩니다. 모든 존재가 깨달음의 빛으로 회귀하고 싶은 강렬한 욕망을 지니고 있기 때문이지요.

번뇌의 색안경을 벗기까지

세상 속에서 매력 있는 인간이 되기 위해서는 네 가지 눈의 힘을 키워야 합니다. 네 가지 안력이 무르익었을 때, 좀 더 진실에 가까운 세상을 바라보기 시작합니다. 그리고 자연스럽게 진실을 바라보는 다섯 번째 눈을 가지기를 원하게 됩니다. 그때가 오면 마음을 일으켜 번뇌와의 전쟁을 시작해야 합니다. 목표는 번뇌의 색안경을 벗는 것이지요.

인간의 눈이 굳이 두 개인 이유를 생각해보세요. 나와 세상의 행복을 위해 다양한 안력을 키우세요. 세상이 나를 외롭게 하고 차별하는 것은 오해일 뿐, 내가 세상을 그리 대해왔다는 진실이 보일 것입니다.

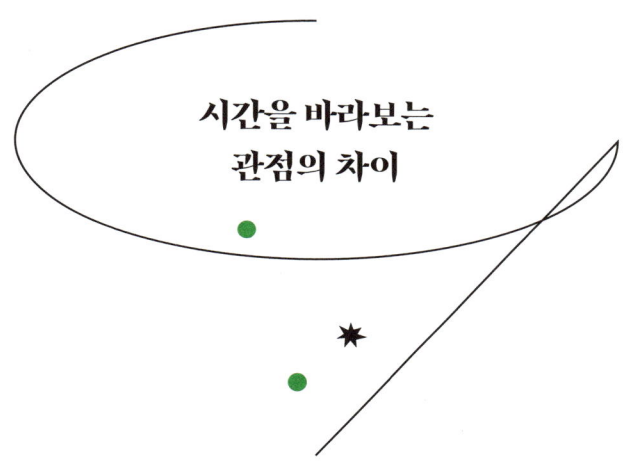

시간을 바라보는
관점의 차이

영화 <인터스텔라> 막바지에 주인공이 딸과 만나는 장면에서 표현된 시간의 상대성은 많은 이들에게 충격이었습니다.

아버지가 우주로 떠나기 전 딸은 아이였습니다. 하지만 시공간을 떠돌다 돌아온 아버지가 다시 만난 딸은 노인이 되어 있었죠. 아버지는 헤어지기 전 모습 그대로인데 말입니다. 누가 봐도 딸이 아버지의 노모로 보였습니다. 왜 이런 일이 벌어진 것일까요? 시간이라는 화살은 상황에 따라 날아가는 속도가 다르기 때문입니다.

영화에서처럼 우주여행을 하고 블랙홀에 다가갈 수 없기에, 우리에게 주어진 객관적 시간이 달라지는 일은 거의 일어나지 않습니다. 하지만 주관적 시간의 속도는 얼마든지 변화가 가능합니다.

시간의 고무줄을 당기는 원리

주관적 시간은 탄력이 매우 심합니다. 우리는 무엇으로 시간의 고무줄을 당길 수 있을까요? 비밀은 내면의 블랙홀인 몰입에 있습니다. 재미있는 일은 마치 빨려 들어가는 듯한 몰입을 불러옵니다. 이때 시간은 극히 짧게 느껴지지요.

아이가 한 시간 공부하면 한 시간 게임을 해도 괜찮다는 엄마의 허락을 받았습니다. 아이에게 공부하는 한 시간과 게임하는 한 시간이 똑같을까요? 아마 앞의 한 시간은 억겁처럼 느리게, 뒤의 한 시간은 쏜살같이 지나갔을 겁니다.

무엇인가에 새롭게 도전하기 위해서는 지루한 일을 극복하는 과정이 필요합니다. 하지만 우리는 지난함을 이겨내지 못하고 포기하곤 합니다. 시간을 바라보는 관점을 조금만 지혜롭게 활용하면 이 과정을 충분히 즐길 수 있습니다.

현재와 미래 사이에서

도반 스님들과 전국 탁구 대회를 개최하기로 뜻을 모은 적이 있습니다. 이듬해 개최를 위해서는 천만 원 정도의 자금이 필요하더군요. 처음에는 포기하려고 했습니다. 당장 여기저기 찾아다니며 협조를 구하는 과정이 싫었거든요.

하지만 큰돈을 만드는 과정이야 어려워도, 대회를 개최한다면 탁구를 즐기는 나 개인에게도, 불교계의 화합을 위해서도 의미 있는 일이 되겠다는 생각이 들었습니다. 그 지점에 초점을 맞추니 지난한 준비 과정도 길지 않게 느껴졌습니다.

멋진 일을 성공으로 이끌며 재미있는 삶을 살아가는 이는 현재의 어려움보다는 미래의 가치에 초점을 맞춥니다. 남들이 어렵다고, 포기하자고 하는 일을 두고 이런 말을 합니다.

"이거 재미있지 않을까?"

주변 사람들의 눈에는 철없어 보일지도 모릅니다. 하지만 몰입의 힘을 이용해 지난한 과정을 극복한 이는 성공을 일궈냅니다. 반면 현재의 어려움에만 사로잡힌 이는 당장 남들에게 현실적이고 어른답게 보일지 몰라도 삶을 바꾸는 시도를 하기는 어렵습니다. 현재의 어려움과 성공 이후의 가치, 어느 쪽에 주목하시겠습니까?

의미 있는 일을 하는 법

뭐든 극단에 치우치면 부작용이 생기는 법입니다. 너무 멀리 보아도, 너무 앞의 것만 보아도 부작용은 있기 마련입니다. 지혜로운 사람은 이 두 관점을 자유롭게 활용합니다.

일을 시작할 때는 초점을 성공 이후에 맞춰 두어야 유리합니다. 현실의 어려움에 초점을 맞추면 한 발짝도 움직이기 어려울 테니까요. 반대로 일을 시작하고 나서는 초점을 현실에 두는 것이 좋습니다. 그러지 않으면 자칫 일을 벌려 놓고 수수방관하는 무책임함에 빠질 위험이 있기 때문입니다.

이것은 기획과 실현의 조화입니다. 기획 단계에서는 현실에 너무 얽매이지 말고 충분히 재미있고, 의미 있는 기획을 해야 합니다. 그래야만 몰입의 힘으로 이후의 지난한 과정을 소화할 수 있으니까요.

과감하게 기획된 내용을 실현하기 위해서는 '안 된다'는 생각을 버리고 '되게 해보자'는 마음으로, '힘들어 죽겠다'는 태도를 버리고 '즐겨보자'는 마음가짐으로 어려움을 차근차근 극복해나가야 합니다. 이 과정에서 기획한 이의 책임감은 매우 중요합니다. 기획만 하고 남에게 책임을 떠넘긴다면 그 결과는 남이 이룬 일이 되어 무의미해집니다. 심지어 주변에 피해를 끼치기도 하지요.

청년들은 역동적이고 즐거운 삶을 원합니다. 이를 위해서는 당장의 어려움을 딛고 성공 이후의 의미에 초점을 맞추는 시간 개념의 확장을 잘 활용해야 합니다. 좁은 시간대에 사는 이들의 마음은 점점 좁아지지만, 광대한 과거와 미래를 오가는 이들은 자연스럽게 마음이 넓어져 더 큰 일을 실현하게 됩니다. 세상의 청년들에게 원하는 만큼 역동적인 삶이 주어지면 좋겠습니다.

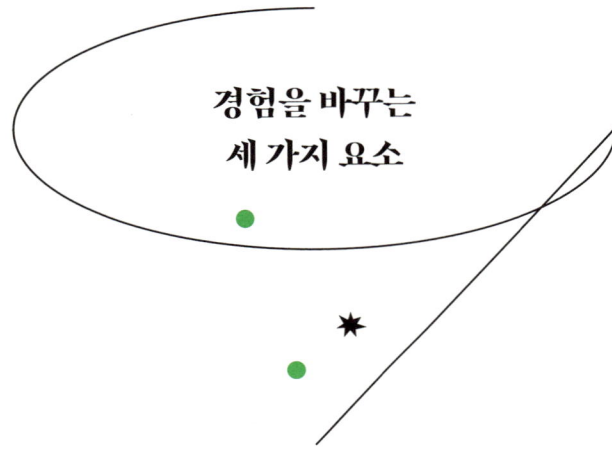

경험을 바꾸는
세 가지 요소

눈앞에 책이 한 권 놓여 있습니다. 이 책은 밀가루 반죽으로 만들어졌습니다. 풀빵 틀은 당신의 마음이지요. 마음의 틀에 반죽을 부어 만든 풀빵, 이것이 우리가 인식하는 책입니다.

밀가루 반죽인 인식되기 전의 책과 풀빵인 인식된 후의 책은 완전히 다릅니다. 자연이라는 밀가루 반죽이 감각기관과 과거 경험의 틀을 거쳐 온갖 모습으로 변화해 우리에게 다가오는 것입니다. 우리가 경험하는 만물의 모습은 본질 그 자체가 아닙니다. 각자의 풀빵 틀에 찍힌 풀빵의 모습을 볼 뿐입니다. 우리는 그렇게 매일 풀빵을 뜯어 먹는 것이지요.

경험의 3요소

풀빵의 모양은 얼마든지 변할 수 있습니다. 틀, 색, 앙금의 3요소가 어떠하냐에 따라 천차만별이지요. 붕어빵도 되고, 국화빵도 됩니다. 반죽에 색소를 넣어 불그스름한 빵도 만들고, 앙금으로 팥도 쓰고 크림도 씁니다. 요소를 바꾸면 풀빵의 변신 가능성이 한없이 늘어납니다.

이 무한한 가능성은 인간에게 큰 위로가 됩니다. 경험의 3요소를 바꾸어가며 얼마든지 다른 삶을 살아갈 수 있기 때문입니다. 감각이라는 틀과 감정이라는 앙금, 생각이라는 색깔을 변화시키는 방법을 배울 수만 있다면 우리는 삶이라는 풀빵을 예술로 승화시킬 수 있습니다. 3요소를 변화시키기 가장 쉬운 것부터 나열하자면 생각→감정→감각 순입니다.

흔히 이런 말을 합니다. "머리로는 알겠는데 화가 멈추지 않습니다." 생각을 변화시켰지만 감정은 해결되지 않은 것이죠. 감각은 감정보다 더욱 깊은 본능입니다. 감각기관 자체를 변화시키는 것은 거의 불가능한 일이니까요. 하지만 매우 낮은 확률로 감각기관까지도 변화시키는 이들이 세상에 나타납니다.

자신의 삶을 온전히 창작하며 자유를 누리고자 공부하는 사람은 '생각의 변화, 감정의 정화, 그리고 감각의 초월' 이 3요소와 순서를 잘 기억해야 합니다.

멋진 풀빵 만들기

워너비 풀빵을 매일 먹으며 살아가는 사람들이 있습니다. 그들에게 세상에서의 경험은 즐거움 자체이고 행복입니다. 멋진 행복의 풀빵을 만들어내려면 노력의 과정이 필요합니다. 풀빵의 3요소를 변화시켜야 하니까요. 한 가지 생각을 바꾸는 것만으로도 삶의 만족도가 올라갑니다. 하물며 두 가지, 세 가지, 천 가지 생각을 바꿀 수 있다면, 안 좋은 생각 탓에 일어나는 삶의 오류가 많이 줄어들겠지요.

생각의 변화는 올바른 견해를 배움으로써 이뤄집니다. 우리는 널리 인류에게 올바른 견해를 알려주신 위대한 선배들의 말을 먹어치우며 오류를 해결해야 합니다.

그런데 이 작업을 계속해나가다 보면 명확한 한계를 발견하게 됩니다. 실제 행동이 크게 변하지 않는다는 점입니다. 행동의 변화는 생각보다 더 깊은 마음의 영역에서 일어나기 때문입니다. 감정이 변하지 않으면 화를 내지 않으려고 해도 화가 납니다. 슬퍼하지 않으려 애써 생각을 돌려도 눈물이 나지요. 그렇기에 더 자유롭고 행복하기를 원한다면 감정의 정화가 필요합니다.

정화를 위해서는 감정에 직면해야 합니다. 분노가 일어나면 그 감정에 빠지지 않은 채, 도망가지 말고 마주 보아야 합니다. 슬픔, 우울, 두려움, 외로움 등 부정적 감정들은 품에 안아주어야 사그라집니다. 외면하고 도망가려 하면 더 크게 울부짖습니다. 감정은 관심받고 싶은 아이와 비슷하기 때문입니다.

직면하는 방법을 배우고 실천하여 감정의 압력을 줄여나가면 삶의 만족도가 매우 높아집니다. 생각과 감정에 주의를 빼앗기지 않고 감각을 깨우는 명상 훈련을 해보세요. 몸과 마음에 의식을 두고 깨어있는 연습을 이어나가다 보면 우리는 본래의 자유를 되찾을 수 있습니다. 이 변화의 능력이 완전해질 때 우리는 삶의 온전한 주인이 되어 풀빵이 아닌 밀가루 반죽의 실체를 볼 수 있습니다. 스스로의 경험이 오해로 가득함을 인정하고, 3요소를 변화시켜야 함을 기억하며 배워나가야 합니다. 직면하고, 명상하며, 삶의 행복을 위해 나아가세요.

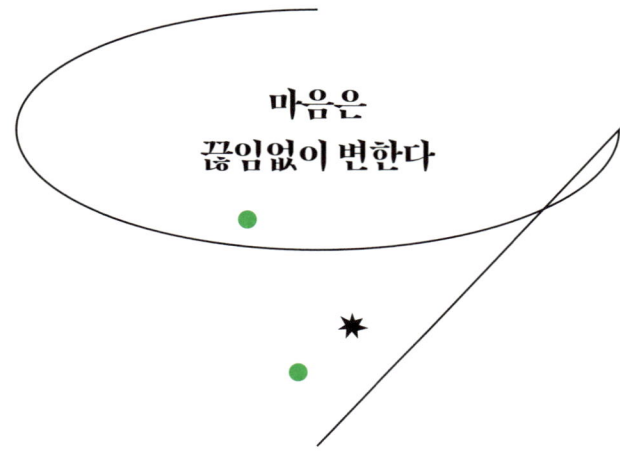

**마음은
끊임없이 변한다**

<아라한 장풍대작전>이라는 영화 제목의 '아라한阿羅漢'은 다른 이름으로 '무학無學'이라 불립니다. 더 이상 무아無我에 대해서 배울 것이 없다는 뜻이죠. 즉, 나로부터 온전히 자유로워졌다는 것입니다. 산속 사찰에 가면 나한전이 있는데, 그곳에 모셔진 아라한들은 우리의 상식을 깬 다양한 자세를 취하고 있습니다. 자유와 개성의 표현이지요.

번뇌는 범부凡夫를 자유롭지 못하게 묶어두는 족쇄입니다. 번뇌가 끊어지는 과정에도 어느 정도 순서가 있다고 합니다. 그중

흥미로운 족쇄는 만慢인데, 이것은 마지막에 이르러 아라한이 될 때 끊어지는 매우 미세하고 근본적인 번뇌입니다. 만은 흔히 자만, 교만 등으로 쓰이는데, 그 작용을 보면 비교하는 마음에서 나옴을 알 수 있습니다.

비교하는 마음이 성인의 마지막 단계인 아라한이 되기 직전까지 끊어지지 않는다는 사실이 매우 놀라운 한편, 위안이 되기도 합니다. 우리는 흔히 이렇게 말합니다.

"남과 비교하는 것은 행복에 도움이 되지 않으니 그만두라."

말은 참 쉽죠. 이 말이 틀렸다는 것이 아니라, 이루기가 매우 어렵다는 점을 강조하고 싶습니다. 인간은 끊임없는 비교를 통해 세상을 인식하기 때문입니다.

비교를 통해 판단한다

네덜란드의 심리학자 디데릭 스테이플이 실제로 진행한 실험입니다. 두 그룹의 대학생을 컴퓨터 앞에 앉혀두고 모니터 정중앙을 집중해서 보게 했습니다. 그러고는 화면의 어느 위치에서 뭔가가 빠르게 나타나도록 설정해서 그것이 만약 왼쪽에 나타난다면 Q 자판을, 오른쪽에 나타나면 P 자판을 누르게 했습니다. 화면에 나타나는 것이 무엇인지는 알려주지 않았지요.

절반의 학생들에게는 아인슈타인 사진을, 나머지 학생에게 는 광대 사진을 보여주었습니다. 여기서 중요한 점은 실제로 학 생들에게 사진이 보인 시간이 0.11초에 불과했다는 것입니다. 학생들은 사진을 정확하게 분별할 만큼 인지할 수 없었기 때문 에, 사진에 대한 판단 또한 불가능했습니다.

이런 실험을 반복한 후 학생들이 스스로 얼마나 똑똑하다고 느끼는지를 7점 만점으로 자가평가하도록 했습니다. 결과가 어 땠을까요? 한 그룹은 5.79의 평점을, 다른 그룹은 5.00의 평점 을 매겼습니다. 7점 만점에 0.79의 차이라면 매우 큰 격차지요. 어떤 그룹이 스스로를 더 똑똑하다고 평가했을까요?

광대의 사진을 본 학생들은 스스로를 5.79로 평가했습니다. 아인슈타인 팀은 5.00이었죠. 아인슈타인을 본 학생은 자신을 낮췄지만, 광대를 본 학생은 그보다는 자신이 똑똑하다고 느꼈 던 것입니다. 정말 놀랍지 않나요? 의식의 영역에서는 정확히 판단할 겨를이 없어 제대로 비교할 수 없었지만, 무의식 영역 에서는 0.11초 사이에 대상을 인지하고 자신과 비교했던 것입 니다.

마음은 끊임없이 변한다

우리는 지나치게 자신의 감각과 판단 그리고 생각을 신뢰합니다. 하지만 이 모든 것은 비교의 결과로 나온 값입니다. 상황과 조건이 변함에 따라 끊임없이 변할 수밖에 없는 요소라는 뜻입니다.

출가한 후 불교심리학을 공부하면서 알게 된 마음의 특징을 한마디로 정리하면 이렇습니다.

"마음은 끊임없이 변한다."

급류와 같은 마음의 흐름을 붙잡고, 마음이 가리키는 것만이 진실이라고 우기는 일은 유치합니다. 상황과 조건이 바뀌면 결과도 달라집니다. 그렇지 않다고 말한다면, 그것은 진실이라기보다는 고집에 가깝습니다.

내 생각이 옳다는 고집에 사로잡히는 순간 우리는 독불장군이 됩니다. 독불장군은 외롭습니다. 자기 외에 다른 사람 생각은 다 틀렸다고 떼를 쓰고 우기는데 누가 그를 품어줄까요? 오판으로 인한 손해도 막심하지요. 이제 자기기만은 그만둬야 할 때입니다. 스스로 고집 피운다는 것을 인지할 때마다 자신에게 이렇게 말해주세요.

"마음은 끊임없이 변하는 것. 고집은 이제 그만!"

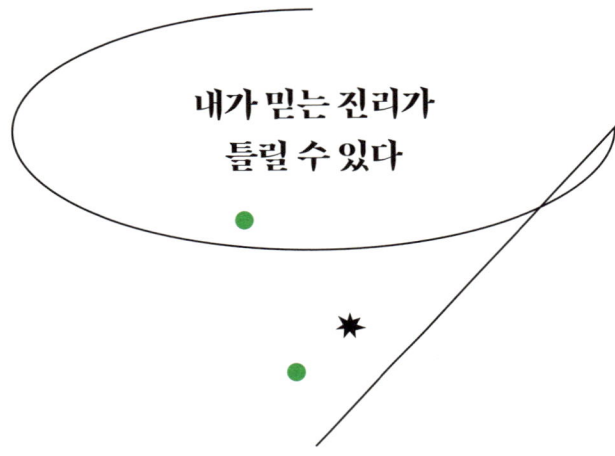

내가 믿는 진리가
틀릴 수 있다

다섯 살짜리 아들과 단둘이 사는 남자가 있었습니다. 사랑하
는 아내와 사별한 남자는 아들을 더욱 아끼고 사랑하며 아픔을
이겨냈습니다. 그러던 어느 날, 남자가 나무하러 나간 사이 마
을에 도적떼가 들이닥쳤습니다. 마을은 불탔고, 많은 사람들이
죽는 와중에 남자의 사랑하는 아들이 도적에게 잡혀가고 말았
습니다.

아들을 찾아 온 마을을 헤매던 남자는 불탄 아이의 시신을
발견하고 땅바닥에 엎어져 오열했습니다. 아들이 죽었다고 오

해한 것이지요. 이후 남자는 아들을 잃은 원통함을 안주 삼아 곱씹으며 술독에 빠져 살았습니다. 이웃의 친절과 도움도 거부하고 그는 점점 폐인이 되어갔습니다.

몇 년 뒤 잡혀갔던 아들이 살아 돌아왔습니다. 사랑하는 아버지를 만나기 위해 들뜬 마음으로 집에 온 아들은 문을 두드리며 아버지를 불렀습니다. 하지만 남자는 결코 문을 열지 않았지요.

"아버지, 저 돌아왔어요. 문 열어주세요."

"내 아들은 죽었어. 내 손으로 분명히 묻었으니 장난치지 말고 썩 꺼져."

아들이 내리 며칠을 애원해도 아버지는 결국 문을 열어주지 않았습니다. 아들이 죽었다는 잘못된 믿음으로 사랑하는 아들을 문 너머에 두고 놓쳐버린 것입니다.

감각의 부정확성

우리의 감각은 생각보다 훨씬 부정확합니다. 내가 분명히 보고, 듣고, 느낀 것이 틀리는 경우가 무척이나 많습니다. 법정에선 증인들은 진실을 말할 것을 맹세합니다. 그런데도 각각의 증언이 수시로 엇갈립니다. 누군가 위증을 하지 않더라도 말입니다. 왜 이런 일이 벌어질까요?

모두가 진실을 말하지만, 그것이 각자의 관점에서 본 진실이기 때문입니다. 한 가지 경험을 두 명이 동시에 하면 두 가지 진실이, 세 명이 하면 세 가지 진실이 나오는 게 우리 인식의 한계입니다. 여기 두 남녀의 상반된 의견을 들어보고 누가 옳은지 판단해 보겠습니다.

한 남자가 급하게 화장실에 뛰어들었습니다. 그런데 화장실 풍경이 다소 낯설었습니다. 남성용 소변기가 없었던 것이죠! 다급했던 마음은 온데간데없어지고 당황함만 남았습니다. 곧바로 밖으로 뛰쳐나오는 길에 남자는 화장실에 막 들어서는 여자와 마주쳤습니다. 당황한 남자의 머릿속엔 수많은 변명이 스쳐지나갑니다. 순간 여성이 이렇게 말합니다.

"죄송해요. 잘못 들어왔나 봐요."

오답을 인정하기

우리가 진실이라고 철통같이 믿는 것들이 있습니다. 우리는 과거의 경험을 통해 수많은 오답을 마음에 품고 삽니다. 오답은 진실을 볼 수 없도록 우리의 눈을 가리지요.

우리가 할 수 있는 최소한의 노력은 진실이라 믿는 것들이 오답일 가능성이 높다고 인정하는 겸손함을 연습하는 것입니다.

우리는 행복해지기 위해 많은 노력을 합니다. 그럼에도 불구하고 온전히 행복해지지 못하는 이유는 잘못 보고, 듣고, 느끼는 데서 생겨나는 오해 때문입니다. 이 오해에 속아 고집부리지 말아야 합니다. 우리가 믿는 고정된 진리란 고집의 다른 이름일 수 있습니다.

터닝 마인드 실전 1

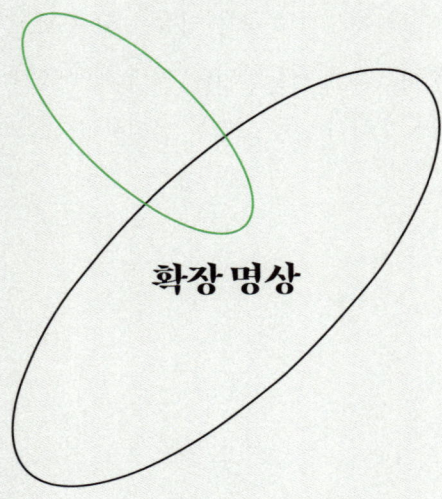

확장 명상

터닝 마인드 중급에 해당되는 다섯 가지 연습은 기본 명상의 응용입니다. 기본 명상을 통해 훈련된 주의력 온ON과 오프OFF를 활용하여 삶의 관점을 바꾸는 프로그램들이지요. 행복을 누리기 위해 준비된 프로그램들은 각각 확장, 오픈, 존중, 사랑, 자립의 키워드를 가집니다. 주의력 온, 오프의 힘이 삶을 바꾸는 근간이 된다는 사실을 명심하시고, 첫 번째 응용 명상인 확장으로 나아갑니다.

명상법

첫 번째 확장 명상에서는 상상력이 매우 중요합니다. 일단 눈을 감고 마음속에 창 하나를 그리세요. 이 창은 당신의 시야를 상징합니다. 창의 크기는 당신 시야의 크기를 보여주지요. 최근 겪었던 일 중에 마음을 불편하게 했던 기억이 있으면 떠올려 마음의 창 안에 넣습니다. 특별한 기억이 없다면 그냥 과정을 따라오셔도 좋습니다. 주의력을 상상에 온해둔 채로 이외의 대상에게 빼앗기는 의식을 철저하게 오프합니다.

평소 마음의 창 넓이가 방 하나 정도였다면 확장해서 마을 단위로 넓혀보겠습니다. 이번에는 도시 단위로 확장해 보겠습니다. 마음의 창에 수많은 존재들이 담겼습니다. 엄청난 시야입니다. 이번에는 한반도 전체로 확장해 볼까요? 아시아, 지구, 태양계, 은하계, 은하단, 우리 우주, 무한한 우주 단위로 마음의 시야를 계속 확장합니다.

마음의 시야가 끝없이 넓어질수록 처음 그 안에 담았던 '마음을 불편하게 했던 기억'이 어떻게 느껴지는지 살펴보세요. 시야가 좁을 때는 그 문제가 커 보였지만, 시야가 넓어지고 나면 우주의 티끌 한 점에 불과했다는 사실을 알게 됩니다.

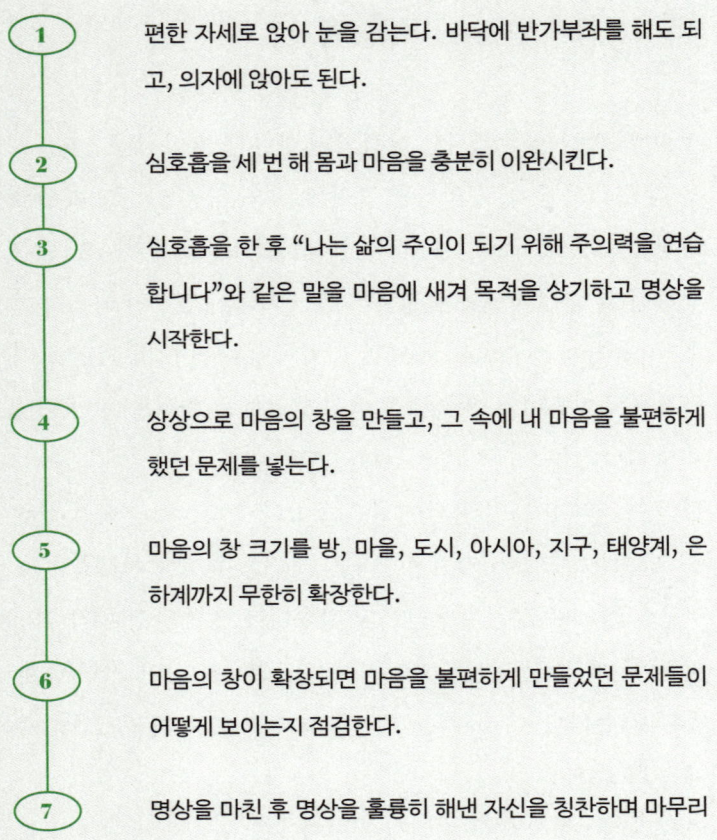

1. 편한 자세로 앉아 눈을 감는다. 바닥에 반가부좌를 해도 되고, 의자에 앉아도 된다.

2. 심호흡을 세 번 해 몸과 마음을 충분히 이완시킨다.

3. 심호흡을 한 후 "나는 삶의 주인이 되기 위해 주의력을 연습합니다"와 같은 말을 마음에 새겨 목적을 상기하고 명상을 시작한다.

4. 상상으로 마음의 창을 만들고, 그 속에 내 마음을 불편하게 했던 문제를 넣는다.

5. 마음의 창 크기를 방, 마을, 도시, 아시아, 지구, 태양계, 은하계까지 무한히 확장한다.

6. 마음의 창이 확장되면 마음을 불편하게 만들었던 문제들이 어떻게 보이는지 점검한다.

7. 명상을 마친 후 명상을 훌륭히 해낸 자신을 칭찬하며 마무리한다.

명상 플러스

살면서 우리는 다양한 문제에 부딪힙니다. 시간이 지나면 별것 아니었다고 느껴지는 문제도 있는 반면, 세월이 지나도 해결되지 않고 점점 심각해지는 문제도 있습니다. 확장 명상은 이러한 다양한 삶의 문제들에 직면했을 때 활용할 수 있습니다. 문제가 지나치게 크게 느껴진다면 근본 원인은 마음의 시야가 좁아진 데 있습니다. 마음의 시야는 고무줄처럼 줄었다 늘어나기를 반복합니다. 인간의 의식은 유연하기에, 먼지 한 톨 소화하지 못할 만큼 좁은 시야를 가진 사람이 조건에 따라서는 우주 전체를 품을 만큼 넓은 시야를 가질 수도 있습니다.

붓다는 "밥그릇에 담긴 물에 소금덩어리를 넣으면 물이 짜지지만, 큰 호수에 같은 크기의 소금덩어리를 넣으면 물의 맛은 조금도 변하지 않는다"라고 하였습니다. 문제는 문제 자체에 있지 않습니다. 벌어진 문제는 원인과 조건에 의해 일어난 현상에 불과하지요. 자신의 시야가 밥그릇 크기일 때는 그 현상이 큰 문제로 해석되어 눈에서 짠물이 흘러나올 수도 있습니다. 하지만 시야가 호수만 하다면 그저 스쳐 지나가는 일상에 그칩니다.

뭔가 자신에게 생긴 문제가 심각하고 특별하다고 느껴질 때 확장 명상을 활용해 보세요. 바쁜 일상 속에서라면 간단히 두 손으로 네모난 프레임을 만들어보세요. 그 크기가 자신의 시야임을 기억하고 두 손의 거리를 점점 넓혀보세요. 이렇게 잠깐 몸을 움직여 시야를 확장하면 우리의 뇌가 재빠르게 동조합니다. 순간적으로 마음의 시야가 확장되는 것이죠.

마음의 창이 넓어질 때, 우리는 고통을 증폭시키는 스트레스에서 벗어나 있는 그대로의 통증을 경험합니다. 억울한 감정에서 벗어나기만 해도 우리를 괴롭히는 번뇌는 확연히 줄어듭니다. 살아가는 공간도 지구적, 우주적 스케일로 넓어져 자유를 느낍니다. 조그만 방구석에서 우주 단위의 넓은 의식으로의 터닝 마인드가 이뤄지는 것입니다.

긍정하고
도전하는
습관을 가져라

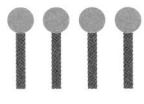

우리는 삶 속에서 성공과 실패를 경험합니다.
행복하게 살아가는 사람들은
성공과 실패를 모두 즐길 줄 압니다.

그 모든 것이 존귀한 내 삶의 빛나는 순간이니까요.

아이가 스마트폰을 열심히 두드리고 있습니다.
아빠는 옆에서 화면을 슬쩍 훔쳐봅니다.
화면에는 'FAIL'이라는 글자뿐이었습니다.

아빠는 아이에게 물었습니다.
"실패했는데 왜 웃고 있니?"
아이는 이렇게 말하죠.
"실패요? 다시 시작하면 되잖아요."

오락실에서 동전을 넣고 게임하던 시절에는
실패란 참 아쉬운 일이었습니다.
우리 모두 항상 동전이 부족했으니까요.

하지만 요즘 스마트폰 오락실에서는
동전을 요구하지 않기에
실패란 그렇게 아쉬운 일이 아닙니다.
그저 새롭게 시작하라는 신호일 뿐이지요.

필요한 것은 다시 시작하는
용기 한 스푼입니다.
이 용기를 번역하면 "실패해도 좋아!"가 되지요.

이 용기가 열어젖히는 삶의 잠재력은 위대합니다.
세상을 즐겁게, 성공적으로, 행복하게 살아낸
모든 이들은 이 문을 열었습니다.
필요한 것은 실패를 딛고 일어나는
용기라는 열쇠 하나지요.

우리도 이제 열쇠를 찾으러 가보겠습니다.

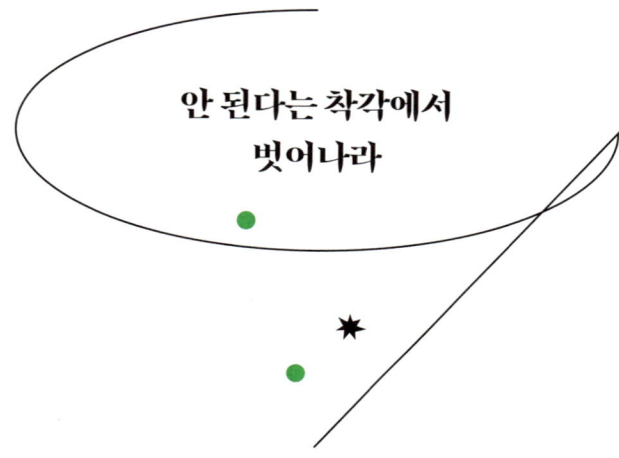

안 된다는 착각에서
벗어나라

언뜻 불가능해 보이는 일들이 있습니다. '불가능하다'는 것은 자신의 시야에 갇힌, 근거가 빈약한 판단일 뿐이지요. 이 판단은 착각인 경우가 굉장히 많고, 이 착각은 우리의 상상력과 열정을 제약하는 장애물입니다. 자유롭고 싶다면 '안 된다'는 착각의 허물을 벗어야 합니다. 불가능만 바라보는 관념의 찌꺼기를 털어버려야, 바람에 걸리지 않는 그물처럼 자유로울 수 있습니다. 어떤 생각에도, 비판에도 걸리지 않고 세상을 자유롭게 여행하는 바람처럼 가벼운 사고를 할 수 있어야 합니다.

불가능을 넘어 날아오를 때

알바트로스라는 새는 몸통이 1미터 가까이 되고 펼친 날개 길이가 3미터를 넘습니다. 이 새는 날개가 무거워 자력으로 날아오르지 못하므로, 절벽에 올라가 상승기류가 다가오기를 기다려야 합니다. 하지만 바라는 그 순간은 결코 쉽게 오지 않습니다. 비행을 시도하다 떨어져 다치거나 죽는 경우도 다반사입니다. 날개가 너무 무거워 뒤뚱뒤뚱 걸어 절벽에 올라 끊임없이 다치고 죽는 이 새를 사람들은 바보새라고 불렀습니다.

알바트로스는 사실 세상에서 가장 멀리 나는 새입니다. 다른 새들이 부단한 날갯짓에 지쳐 쉬어갈 때도 이 새는 하늘을 뒤덮는 거대한 날개를 펼치고 지구를 무대로 아름답고 고귀한 활공을 이어갑니다.

위대한 여행을 위해서는 오랜 준비 과정이 필수입니다. 만약 바보새가 자유롭게 날지 못하는 자신에게 절망했다면, 안 된다는 생각에 사로잡혔다면 어떻게 되었을까요? 세상에서 가장 멀리 나는 환희를 누리지 못했겠지요. 바보새는 본능적인 두려움을 뛰어넘어, 목숨을 걸고 노력한 끝에 상승기류라는 기회를 잡습니다. 그렇게 거대한 날개의 진면목을 발견하고 나면 바보새는 알바트로스라는 이름을 되찾게 되지요.

'안 된다'에서 '된다'로

세상에 불가능한 일은 없습니다. 물론 오래 걸리는 일, 비효율적인 일, 어려운 일은 있습니다. 하지만 절대적으로 안 되는 일은 없습니다.

전 세계의 각 분야 전문가들이 참여해 만드는 <트렌즈>라는 잡지에 의하면, 머지않아 무선 전기가 상용화된다고 합니다. 과거 유선 인터넷만이 가능했던 시절, 당시 중학생에게 무선 인터넷의 실현이 가능하겠느냐는 질문을 던졌다면 아마도 '불가능하다' 또는 '상상할 수 없다'는 대답을 들었을 것입니다. 하지만 세월이 흘러 더 다양한 일이 가능함을 알게 된 요즘 학생에게 무선 전기에 대해 묻는다면 '충분히 가능하고 상상할 수 있는 일'이라는 답이 돌아올 겁니다.

우리의 잠재력은 무한합니다. 당장 불가능하게만 보이는 일도 실현할 수 있는 힘이 있습니다. 이를 온전히 발휘하기 위해 필요한 작업은 아주 단순합니다. 무한한 자유를 누리지 못하도록 앞을 막아선 '안 된다'는 생각들을 확인하고, 버리기만 하면 됩니다. 새로운 재능? 능력? 기회? 더 필요한 것은 아무것도 없습니다. 그저 우리에게 이미 주어진 잠재력이 빛날 수 있도록 생각의 장애물을 걷어내기만 하면 됩니다. 아주 간단하지요.

생각의 장애물에서 벗어나는 순간 눈이 밝아집니다. 눈이 밝아지면 우리의 거추장스럽고 거대한 날개가 활공을 위한 무기가 됩니다. 도약의 타이밍이 오면, 가장 멋진 용기를 드러내 펄쩍 뛰어보세요.

간단하지만 사실 세상에서 가장 어려운 일이기도 합니다. 안 된다는 장애에서 벗어나기가 어렵다면 당신에게 힘과 용기를 줄 삶의 스승을 찾으세요. 스승의 한마디가 눈을 가린 덮개를 벗기고 올바른 길을 제시할 것입니다.

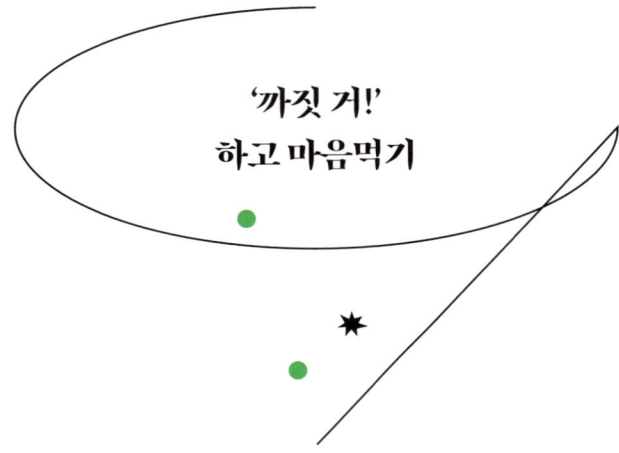

'까짓 거!'
하고 마음먹기

카피라이터 정철 씨가 강연 중에 이런 질문을 했습니다.

"글을 잘 쓰는 방법을 딱! 한 글자로 표현한다면?"

그 대답은 지극히 간단했습니다.

"써."

글은 쓸 때 맞닥뜨리는 단 하나의 장애물은 잘 쓰지 못할까 두려워하는 마음입니다. 자기검열을 통해 글이 나아가지 못하게 만드는 것이죠. 하지만 글은 쓰면 쓸수록 잘 쓰게 되는 것이 진리입니다. 다작에는 장사가 없지요. 실패작을 쏟아내다 보면 보석 같은 글이 하나둘 나타나게 마련이거든요.

저는 대학원 석사과정 때 처음으로 인터넷상에서 글을 쓰기 시작했습니다. 어릴 적 복통에 시달릴 만큼 글쓰기를 싫어했던 제가 글을 쓰기 시작한 이유는 단순했습니다. 석사 논문 주제가 'SNS를 활용한 포교 방법 연구'였기 때문입니다. 참여관찰을 권장하는 교수님의 지침에 따라 페이스북 계정을 억지로 만들었지요. 처음에는 어쩔 수 없이 쓰기 시작했지만 문득 이런 생각이 들더군요.

'어차피 해야 할 일인데, 까짓 거 뭐 해보자!'

일단 무조건 하루에 한 번씩 글을 쓰기 시작했습니다. 두 달 정도 지난 후에는 하루 세 번 쓰기로 횟수를 늘렸습니다. 다양한 유형과 내용의 글쓰기를 시도하며 시간을 보냈습니다. 점점 쓰기 싫다는 생각이 사그라지더군요. 반년이 지난 후에는 페이스북에 게시했던 글들을 모아서 책을 출판했고, 석사논문 심사도 얼추 끝냈지요. 그래도 하루에 세 번 글쓰기를 멈추지 않았습니다. 그러던 중 문득 마음속에서 이런 망상이 튀어 올랐습니다.

'글을 쓰기 시작한 것은 논문 때문이었는데, 보태어 책까지 출간했으니…… 이제 글빚 그만 만들어야겠다.'

이 작은 한 번의 생각이 가진 파장은 대단했습니다. 별것 아닌 작은 돌멩이가 구르기 시작하자 마음속 게으름이 들러붙어 크기를 키웠고, 결국은 산사태가 일어났습니다. 그렇게 하루 세 번 글쓰기 정진이 와르르 무너졌죠.

하기 싫다는 폭풍

게으름과 두려움이 많은 사람들은 어떤 일을 시작할 때 '하기 싫다'는 마음을 보탭니다. 그 결과 무슨 일이든 정말로 하기 싫은 일로 만들어버리죠. 정말 난감한 노릇입니다. 이 '하기 싫어 바이러스'가 침투하는 순간 우리는 능력을 절반도 발휘하지 못합니다. 열정의 불을 꺼버리는 소화기나 다름없습니다.

군필자 남성들이 가장 혐오하는 말 중에 하나가 "다시 군대 갈래?"라고 합니다. 그만큼 군 생활이 싫다는 뜻이겠지요. 군종 장교 시절, 신입병사들을 대상으로 군 생활에 대해 조언하는 역할을 맡은 적이 있습니다. 억지로 끌려와 2년 가까이 갇혀 지내야 하는, 우울과 짜증에 휩싸인 병사들의 마음을 도대체 어떤 말로 위로해 돌려놓을 수 있을까요?

저는 병사들을 만나면 항상 이렇게 말했습니다.

"살면서 수없이 걸려 넘어질 돌멩이들의 이름은 당신이 짓는다. 넘어져 울기만 하고 일어서지 못한다면 그 돌멩이는 걸림돌이다. 하지만 딛고 일어나 힘차게 앞으로 나아간다면 디딤돌이 된다. 잘나가던 당신의 발목을 붙잡은 군대를 앞으로 평생 '인생의 걸림돌'이라 부를지, '디딤돌'이라 부르게 될지는 당신 생각에 달렸다. 자신에게 외쳐라. 군대를 디딤돌로 삼아 비상하겠다고!"

청춘들에게 들려주었던 이 말이 여러분의 마음에도 좋은 의미로 가닿기를 바랍니다.

일을 하기에 앞서 싫다는 생각을 품으면 도살장에 끌려가는 돼지처럼 꽥꽥 비명만 지르게 됩니다. 하기 싫다는 생각 하나만 버리면 롤러코스터를 탈 때처럼 두려움에 지르는 비명조차 즐겁게 느껴집니다. 작은 생각의 차이가 만드는 결과는 결코 작지 않습니다.

마법의 말

하기 싫다는 생각을 버리는 방법은 의외로 간단합니다. '까짓 거' 하고 마음먹는 것입니다. 마음이 잘 안 난다면 '까짓 거 죽기야 하겠어?'라고 생각해 보세요. 그리고 하기 싫은 마음을 품고서라도 일단 해보는 것입니다. 그 순간 우리는 괴로운 마음을 버리는 용기 있는 한 발짝을 내디딘 것입니다. 한 발짝이 두 발짝이 되고, 계속 쌓이면 어려운 일도 익숙해질 수 있습니다. 나중에는 아무렇지도 않게 척척 해내는 날도 올 겁니다.

하기 싫다는 마음으로라도 반복하면 익숙해지기는 합니다. 하지만 더디게 익숙해지는 동안 하기 싫은 마음은 그대로거나 혹은 더 커질지도 모릅니다. 왜 소중한 삶의 시간을 이따위 하기 싫은 일에 사로잡힌 채 낭비해야 할까요? 이런 상황에서 마음을 돌리는 데 도움이 될 만한 작은 팁을 알려드리겠습니다.

저는 병사들에게 자기 선언을 할 때 말뿐 아니라 몸도 함께 쓰도록 권했습니다. 군대를 디딤돌로 삼아 비상하겠다고 소리칠 때 얼굴은 활짝 웃도록, 손은 번쩍 들도록 했습니다. 몸을 움직이는 순간, 잠자던 용기가 깨어나 열정의 불씨를 살려냅니다. 세상을 다 얻은 사람과 같은 적극적인 표정과 몸짓이 필요합니다.

그렇게 인생의 위대함을 좀먹는 '하기 싫다'라는 마음의 바이러스를 물리치고 당신이 바라는 삶에 한 발짝 더 다가서세요.

까짓 거, 할 수 있다!

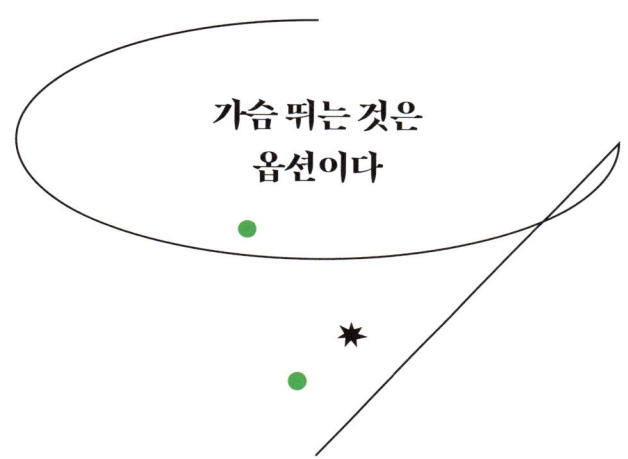

가슴 뛰는 것은
옵션이다

청년들과 함께 취업과 꿈에 대해 대화를 나눈 적이 있습니다. 수많은 청년들이 취업 때문에 힘들어합니다. 막상 취업이 된 청년도, 아직 준비 중인 청년도, 이런 고민을 합니다.

'내게 가슴 뛰는 일은 무엇일까?'

어른들은 청년들에게 말합니다.

"가슴 뛰는 일을 찾으세요!"

그래서 제가 청년들에게 물었습니다.

"가슴 뛰는 일을 찾은 친구들이 주위에 많아요?"

"아니요."

"그럼 가슴 뛰는 일을 찾은 친구들의 비율이 얼마나 될 것 같아요?"

"음, 열 명 중 한 명 정도요."

청년들 열 명 중 아홉 명은 현실적으로 가슴 뛰는 일을 찾지 못했다면, 이 비율이 이상한 걸까요?

가슴 뜀에 집착하지 마세요

가슴이 뛴다는 것은 기쁨, 환희의 상태입니다. 우리가 무언가를 행할 때 인연이 딱 맞아떨어지면 이 환희를 경험하게 됩니다. 청년들은 '가슴 뛰는 일'이라 하면, 정해진 한 가지 느낌이 생겨날 것이라고 상상하는 것 같습니다. 편견에 사로잡혀 자연스럽게 다가오는 환희를 온전히 받아들이지 못합니다. 인연이 닿아 찾아온 환희를 '이건 아니야!' 하고 놓쳐버립니다. 가슴 뛰는 일을 찾고 싶다면 일단 고정된 상상을 버려야 합니다. 선입견이야말로 걸림돌입니다.

책에서, 강의에서, 주변 사람들이, 친구들이 '가슴 뛰는 일을 찾아야 한대'라고 말할 때마다 평범한 사람들은 심적 압박을 느낍니다. 찾지 못한 나는 뒤처졌고, 패배자이며, 행복하지 못할 거라 착각합니다. 아무리 좋은 말, 진리의 말일지라도 거기 사로잡혀 집착하는 순간 고정관념이 됩니다. 붓다는 본인의 설법조차 강을 건너는 데 필요한 뗏목으로 보라고 말했습니다. 강을 건넌 후 필요 없어지면 버려야지, 집착 때문에 지고 가서는 안 됩니다. 집착하면 산을 오르면서도 뗏목을 머리에 이고 올라가게 됩니다. 심지어 옆 사람에게도 이를 강요하지요. 참으로 어리석은 행태입니다. 집착은 고통을 불러옵니다.

'가슴 뛰는 일'을 찾을 수 있다면 물론 좋은 일입니다. 하지만 거기 사로잡혀 자신을 고통스럽게 만들고 있다면 그 말을 쓰레기통에 던져버리세요. 고통의 냄새를 풍기는 그 말은 내 안에서 소화되지 못한 채 썩어버린 것입니다. 한시라도 빨리 버리는 것이 행복에 도움이 됩니다.

청년의 강점을 살릴 것

중장년이 가진 힘이 경제력이라면 청년이 가진 힘은 열정과 용기를 더해 새로운 시도를 해볼 여유가 아닐까 생각합니다. 이것도 해보고, 저것도 해보면서 자신의 성향을 파악하면 가슴 뛰는 일을 만날 가능성이 높아집니다. 다양한 시도를 해보는 사이 나를 알게 되는 것이지요. 소개받은 맛집에 가서 메뉴판을 바라보기만 한다고 맛을 알 수 있을까요? 음식을 하나씩 시켜서 직접 맛볼 때 어떤 음식이 내 입맛을 충족시키는지 알게 됩니다. 남이 맛있다고 한 음식이 내게도 무조건 맛있지는 않으니까요.

삶의 경험을 만들어가는 사이 자신의 전문분야가 생기면, 먹고사는 데 필요한 삶의 기반이 마련됩니다. 붓다도 재가불자들에게 돈을 벌어야 한다고 말했습니다. 자신만의 기술로, 땀 흘려 정직하게 돈을 버는 것이 사회에서 살아가는 사람들의 행복 비결이라 했습니다.

지금 이 순간, 가슴 뛰는 일에 대한 강박을 버리세요. 어떤 말에도 걸리지 말고 자유롭게 청년다움을 내뿜으며 오늘을 행복하게 채우세요.

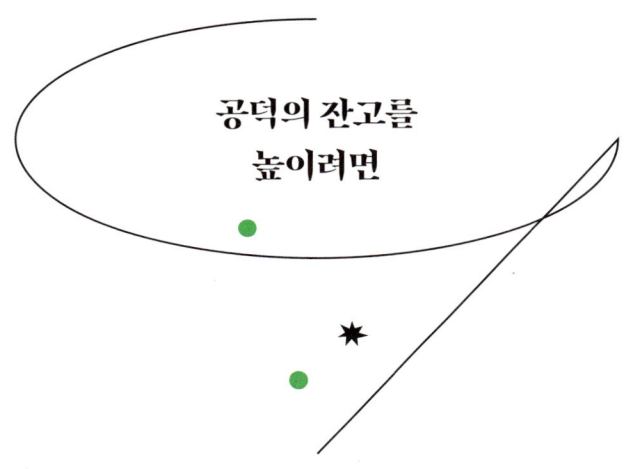

공덕의 잔고를
높이려면

우주에서 가장 큰 은행이 하나 있습니다. 우리는 모두 이 은행에 개인통장을 하나씩 가지고 있지요. 생각하고, 말하고, 행동하는 모든 행위가 원인으로써 이 통장에 입금되고, 우리가 겪는 상황이나 경험이 결과로써 출금됩니다. 이 은행이 지키는 원칙 중 하나는 선인선과 악인악과善因善果 惡因惡果입니다. 선한 행위를 입금하면 행복이 나오고, 악한 행위를 입금하면 고통이 출금됩니다. 이것은 사람의 삶과 경험을 단순하게 보여줍니다.

복이 있는 사람은 통장의 선업 잔고가 많은 사람을 의미합니다. 이 선업의 잔고를 불교의 가르침에서는 '공덕', '복덕'이라고 부릅니다. 덕이 있고, 복이 있는 사람은 선업의 기록인 공덕이 있다는 의미입니다. 그런데 스스로 복이 있는지 없는지를 점검하고 싶어도 참 애매합니다. 시중 은행 통장처럼 잔고를 확인할 수 있는 것도 아니니까요. 대신 공덕 부자들의 특징 몇 가지를 알려드릴게요. 스스로 점검해 보시기 바랍니다.

복 있는 사람 구분법

공덕이 있는 사람은 첫째, 즐길 줄 압니다. 우리의 삶에는 다양한 일들이 벌어집니다. 반복되는 지겨운 일도, 하기 싫은 일도 있습니다. 이런 일들을 대면할 때 누군가는 질색하며 싫어하고, 누군가는 "피할 수 없다면 즐겨라!" 하고 말하며, 누군가는 그저 즐길 뿐입니다. 이런 태도의 차이는 공덕으로부터 비롯됩니다. 공덕이 있는 사람이 행복한 이유는 바로 이 '즐기는 힘' 때문입니다.

공덕이 있는 사람은 둘째, 자유롭습니다. 외부가 아닌 과거 자신으로부터의 자유입니다. 우리는 대부분 과거의 경험을 바탕으로 현재를 재단합니다. 그러다 결국 과거에 침범당하고 지배당하지요. 선택의 순간에 과거의 망령이 발목을 잡아 용기를 내지 못한 기억이 있지 않으신가요? 공덕이 있는 이는 이런 순간에 자유롭습니다. 온전히 자신의 판단으로 자유롭게 선택합니다.

공덕이 있는 사람은 셋째, 주변에 도움이 됩니다. 이유는 간단합니다. 삶을 즐기는 강렬한 힘을 지녔고, 과거로부터 자유로운 선택이 가능한 사람. 우리는 그런 사람들에게 호감을 느끼고, 돕고 싶어집니다. 이렇게 만나는 사람들과 은혜로운 관계를 맺는 경우가 많은 만큼 공덕이 있는 이들은 보답할 줄 압니다.

현재를 선택하고 즐기는 힘

매우 바쁜 일정을 쪼개 울산에 가야 하는 상황이 생겼습니다. 너무나도 바쁜 와중에 다른 일정을 취소하면서까지 그 먼 곳을 다녀와야 한다고 생각하니 귀찮다는 생각이 먼저 들더군요. 하지만 마음을 가다듬고 그 상황에서 내가 무엇을 할 수 있을지 생각했습니다. 그리고 그 기회에 할 일을 찾았습니다.

이것이 자유입니다. 과거의 망령이 부정적인 감정을 불러왔지만 그것에 사로잡히지 않고 현재를 선택하는 힘이지요. 그리고 지금 이 순간, 저는 시속 259킬로미터로 달리는 고속열차 안에서 이 글을 쓰고 있습니다. 비록 탁자는 좁고, 진동도 있지만 옆자리에 앉은 일본인 아저씨와 웃으며 인사도 나누고, 작게나마 도움이 되고자 글로 여러분과 대화하는 이 순간이 생각 이상으로 즐겁습니다. 오늘 이 기차 안에서, 저는 순간을 자유롭게 즐기는 힘이 좀 더 커진 자신을 발견했습니다.

스스로를 점검해 보세요. '내 공덕의 잔고는 얼마인가. 행복한 경험을 구입할 여유가 있는가.' 그리고 잔고를 더욱 늘리세요. 자업자득, 선인선과, 악인악과를 꼭 기억하고, 되도록이면 지혜롭고 자비롭게 살기 위해 노력하십시오.

이런 노력의 결과를 누리는 지금, 저는 참 행복합니다.

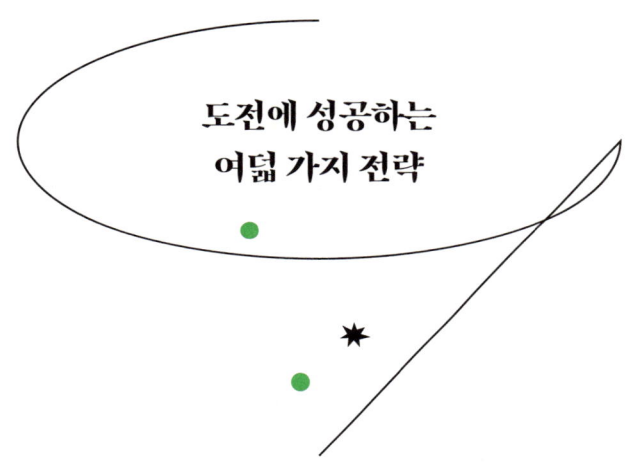

도전에 성공하는
여덟 가지 전략

TV 프로그램에서 인상적인 대사를 들었습니다.

"아끼다가 똥 된다."

왜 기억에 남았을까요? 이 말이 진리이기 때문입니다. '세상이 무상하다'는 제행무상諸行無常의 진리는 붓다의 깨달음의 시작입니다. 모든 것은 쉬지 않고 끊임없이 변합니다. 그렇기에 우리는 고통스럽습니다. 변하지 않을 거라 믿고 움켜쥐고 있던 것, 아끼던 소중한 것이 결국 변해 똥이 되어버리니 말입니다. 이 시대의 도교 스승인 로이 칭 유엔은 이렇게 조언했습니다.

"꽃향기는 곧 사라진다. 익은 과일도 순식간에 상하고 만다. 이 세상에서의 시간은 너무도 짧으므로 후회하지 않도록 하라. 형언할 수 없는 것을 만끽할 기회를 결코 놓치지 말라."

우리는 지금까지 많은 도전을 해왔습니다. 그리고 수많은 실패를 경험했지요. 그 많은 실패가 다시 도전하는 우리의 앞길을 막을 수도 있습니다. "다시 도전해봐야 실패할 게 뻔해"라는 말로요.

이러한 말은 경험을 통해 상당한 설득력을 지닙니다. 하지만 이제부터의 도전은 조금 달라야 합니다. 지금 이 순간은 당신 인생에서 가장 젊은 순간이고, 최상의 기쁨을 만끽하기 위해 도전할 적기입니다. 여기 성공 가능성을 높일 새로운 전략이 있습니다. 여덟 가지 중 마음에 드는 전략을 선택해서 도전에 적용해 보기를 권합니다.

첫째, 간단한 것부터 시작하라. 둘째, 반복 기간을 명확히 설정하라. 셋째, 예외를 만들지 마라. 넷째, 자신을 관찰하고 그것을 통해 배워라. 다섯째, 스스로에게 너그러워라. 여섯째, 다시 시작하라. 일곱째, 기록하라. 여덟째, 스스로 즐겨라.

작은 성공의 중요성

붓다는 인류의 위대한 스승 중에서도 생전에 가장 많은 제자들을 거느렸던 이입니다. 비결은 붓다의 교육방식에 있습니다. 그는 차제설법次第說法이라는 각자의 눈높이에 맞춘 방식으로 제자들을 교육했습니다. 저마다 소화 가능한 수준의 가르침과 수행 방법을 통해 붓다는 배우는 즐거움을 일깨워주었습니다. 즐거움은 배움을 이어나갈 원동력이 되었지요.

변화에 도전할 때는 간단한 것부터 시작하는 것이 좋습니다. 처음부터 거창하면 실패할 가능성이 높고, 잦은 실패는 관성을 만들어 성공을 방해합니다. 실패 대신 잦은 성공을 쌓는다면 이와 반대이지 않을까요? 작고 간단한 도전을 통해 잦은 성공을 누리세요. 이 성공의 경험치가 용기의 자양분이 됩니다.

최근 습관에 대한 연구 결과가 쌓이면서 습관의 힘, 습관 형성의 방법 등이 널리 알려졌지요. 주목할 것은 습관 형성에 필요한 기간과 방법입니다. 《66일 공부법》이라는 책에서는 습관 하나를 만드는 데 필요한 평균적인 시간이 66일이라고 말합니다. 그렇다면 이 기간 동안 어떤 방법으로 습관을 만들어야 할까요? 《습관의 힘》에서 소개하는 습관 형성 방법 역시 핵심은 예외 없는 반복입니다. 원하는 습관을 타협 없이 반복할 때 습관은 자리를 잡습니다. 정해진 기간 동안 이 반복되는 습관적 행동을 지키기 위해 노력해야 합니다.

실패에 너그러울 것

노력을 하다 보면 여러 가지 생각이 일어나고, 몸과 마음에 다양한 변화가 생겨납니다. 이러한 변화는 유의미한 신호인 경우가 많으므로, 잘 관찰하고 그를 통해 피드백을 해야 합니다. 제아무리 이를 악물고 시작한 노력일지라도 중간에 흐트러질 수 있습니다. 빼먹는 경우도 생깁니다. 피치 못할 사정일 수도 있고, 그저 게으름 때문일 수도 있지요. 이럴 때 매우 중요한 것은, 스스로에게 너그러워야 한다는 점입니다.

자신에게 엄격해야 하는 때는 빼먹기 전이지 후가 아닙니다. 반복을 놓쳤다면 자신에게 화를 내기보다는 너그럽게 포용하고 다시 시작하는 것이 좋습니다. 화를 내고 나면 변화에 대한 도전이 끝나버리는 경우가 많기 때문이지요. 반드시 기억해야 합니다. 스스로 실패라고 결정하지 않는 이상 실패란 없습니다. 잠시 쉬어가는 것일 뿐입니다.

변화의 과정을 기록으로 남기는 것은 큰 도움이 됩니다. 기록하는 순간 시각을 통해 객관화되기 때문입니다. 장기판에 앉아 있는 고수보다 옆에서 구경하는 하수가 더 절묘한 훈수를 두는 경우가 있지 않던가요? 기록하는 것만으로도 자신의 패턴에 대해 명확한 분석이 가능해지고, 자신에게 적절한 조언을 던질 수 있는 힘이 생깁니다.

망설임에서 즐거움으로

무엇보다 중요한 것은 이 모든 과정이 즐거워야 한다는 점입니다. 자신의 행복을 만드는 과정이 즐겁지 않다면 도대체 무엇이 즐거울 수 있겠습니까. 즐겁지 않다면 성공을 위한 최고의 원동력을 잃어버린 것입니다.

사람들은 '도전을 즐긴다'고 할 때 이 '즐겁다'는 말을 오해하곤 합니다. 아이들이 놀이를 할 때 흥분해 즐거워하듯, 그와 같은 흥분이 함께해야 한다고 착각하는 것이지요. 도전을 성공으로 이끄는 즐거움은 더 넓은 개념으로 파악해야 합니다. 새로운 일을 시도할 때 자신도 모르게 그 일에 몰두하고 있다면 기분과 상관없이 그것이 즐거움입니다. 즐거움은 낯선 것을 익숙함으로 바꿔줍니다. 망설임이나 거부감 없이 새로운 일에 임한다면 그 자체로 이미 즐거운 상태입니다.

다시 한 번 강조합니다. 지금 이 순간이 당신 삶의 가장 젊은 순간이며, 가장 힘이 넘치는 순간입니다. 지금 이 기회를 잡아

위대한 힘을 아끼지 말고 까짓 거, 행복을 위한 변화에 도전해 보세요. 정말 아끼다가는 똥 됩니다.

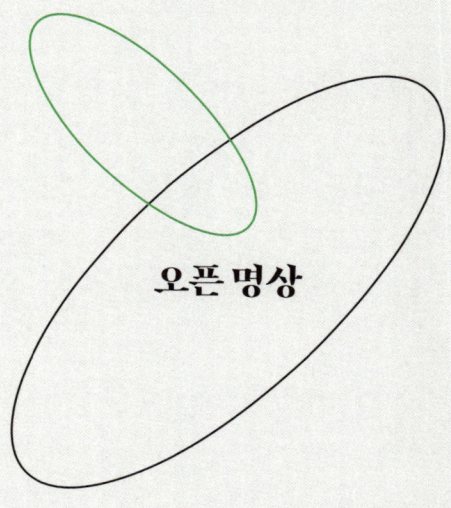

오픈 명상

첫 번째 단계인 확장 명상을 통해 마음의 시야를 넓히는 도전
을 계속하고 계시겠지요? 두 번째 단계인 오픈 명상은 확장된
마음을 여는 과정입니다. 소통이란 통하는 것입니다. 막혀 있는
상태로 통하는 역설은 일어나지 않습니다. 세상을 받아들일 만
큼 의식을 확장했으면 이제 자신 있게 열어젖힐 차례입니다.

명상법

마음에는 문이 없습니다. 그러니 열린 마음을 막아서는 실체 또한 없습니다. 하지만 인간의 마음은 오묘해서 환상의 장애물들이 생겨납니다. 이러한 장애물은 두려움을 근본으로 삼아, 불가능하다는 생각들로 표현됩니다. 환상에 불가한 장애물이지만 강력한 힘을 발휘해 두려움에 빠진 이들이 마음의 문을 열지 못하도록 합니다.

그러므로 마음을 여는 과정은 장애물을 제거하는 것입니다. 본래 열려 있는 마음을 다시 열 수는 없으니, 두려움에서 오는 불가능하다는 생각들을 제거함으로써 활짝 열린 마음을 경험하는 것이지요.

명상을 위해서는 종이와 펜, 작은 메모지와 라이터가 필요합니다. 종이를 앞에 두고 자신의 마음을 살펴봅니다. 과거의 기억, 미래에 대한 생각도 좋습니다. 흘러가는 생각들 중 안 된다, 못한다, 불가능하다고 판단되는 내용을 적습니다. 불가능의 목록이 종이를 가득 채웠습니까?

마음속 안 된다는 생각을 메모지에 던져버린다고 상상하면 효과적입니다. 안 된다는 생각을 내던지듯 모두 옮겨 적었다면 메모지와 라이터를 들고 안전한 장소로 이동합니다. 불장난을 하기에 안전한 곳으로 말이지요. 이제 메모지를 잘 모아서 라이터로 불붙일 준비를 하고 이렇게 생각합니다.

'안 된다는 모든 생각을 여기 던져서 불태워버리겠다. 내게 이제 불가능은 없다!'

이렇게 결심했다면 이제 종이에 불을 붙이세요. 타오르는 불꽃은 당신의 불가능을 태워 만든 밝은 지혜의 상징입니다. 속이 후련해지면 다시 한 번 다짐하세요.

'내게 불가능은 없다.'

1. 종이, 펜, 라이터를 준비한다.

2. 마음을 살펴보고 '안 된다, 못 한다, 불가능하다'라고 판단되는 내용을 종이에 모두 적는다.

3. 종이를 태울 안전한 장소로 간다. '안 된다는 모든 생각을 여기 던져서 불태워버리겠다! 내게 이제 불가능은 없다!'라고 선언한 후 종이에 불을 붙인다.

명상 플러스

오픈 명상은 필요한 때 자유롭게 응용하시면 됩니다. 이 명상은 안 되겠다, 못 하겠다, 불가능하다는 생각에 사로잡혀 마음이

닫혀버렸을 때 효과를 발휘합니다. 불가능하다는 생각에 빠지면 우리의 마음은 두려움에 사로잡혀 갑갑함을 느낍니다. 이런 생각들이 강렬해져 옴짝달싹 못하게 되기 전에 한시라도 빨리 그 상태에서 벗어나는 것이 좋습니다. 닫힌 마음은 육체적, 정신적으로 병적 상태를 유발하기 때문입니다.

특별한 일에 실패하여 마음이 잔뜩 움츠러들 때, 우울한 감정에 빠져 의욕이 없을 때에도 효과적입니다. 오픈 명상에 포함된, 손으로 쓰고 몸을 움직여 메모지를 태우는 활동에도 나름의 효과가 있기 때문입니다. 주눅 들고, 우울한 마음의 상태는 몸을 움직여주는 것만으로도 크게 나아집니다.

오픈 명상을 일상에서 좀 더 간단하게 활용하는 방법이 있습니다. 시간을 내고, 준비물을 갖추기가 어렵다면 간단한 상상으로 대신하는 겁니다. 특정한 부정적 생각이 당신을 사로잡았다면 그 생각을 적은 종이를 구겨 공 모양으로 만드는 상상을 해보세요. 그리고 눈앞에 쓰레기통이 있다고 상상하고 거기 그 공을 골인시켜 보세요. 짧은 시간 내에 간단한 상상만으로도 마음이 한결 가벼워지는 경험을 할 수 있을 것입니다.

붓다는 닫힌 마음에 대해 이렇게 표현했습니다.

"인색한 닫힌 마음에서는 단 하나의 행복도 생겨날 수 없다."

거지의 자화상에서 왕자의 자화상으로, 고통에서 행복으로의 터닝 마인드를 함께 이뤄나가는 여러분에게 열린 마음은 필수

준비물입니다. 열린 마음을 갖추려면 마음속 안 된다는 생각들을 전부 제거해야 합니다. 때로 오픈 명상을 실천해 마음의 장애물들을 청소하길 권합니다.

관계에도 공부가 필요하다

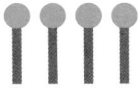

"남을 조종하려 들면 그 사람과 원수가 됩니다."

원한을 맺는 원리를 단순하게 표현한 것입니다.
반대로 생각해 보세요.
누군가 나를 조종하려고 들면 기분이 어떨까요?
내가 싫어하는 그 짓을 굳이
사랑하는 이들에게 할 필요는 없습니다.
사랑하는 이를 잃어버릴 위험부담을 안고서 말이지요.

가까운 이들을 있는 그대로 인정해 주는 것이
관계의 힘입니다.
상대의 특별한 모양을 인정해 주는 것은
최고의 존경입니다.
대부분의 사람은 자신을 존경해 주는 사람과
좋은 관계를 맺고 싶어 합니다.

최선을 다해 인정해 주는 것은
곧 좋은 관계를 만드는 힘이 됩니다.

나와 다름을 발견했을 때
이상하게 보거나 불편해하거나
바꾸려 들지 말고 인정하고 존경하며
있는 그대로의 모습을 받아들이면 어떨까요?

곧은 소나무도, 굽은 소나무도
있는 그대로 멋집니다.
작은 것도, 큰 것도
다 있는 그대로 멋집니다.

세상의 모든 존재가
그대로 이미 완벽합니다.

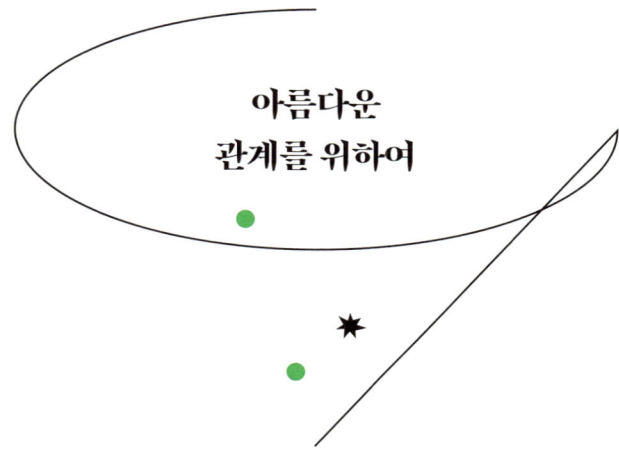

아름다운
관계를 위하여

세상에는 수많은 종류의 인간관계가 있지만, 단순하게 나누면 '너' 아니면 '나'입니다. 나는 하나인데 너는 엄청나게 다양합니다. 다양한 너를 다시 나눠볼까요? '친한 너'와 '안 친한 너'.

《내 안의 참나를 만나다》라는 책에 의하면, 사람의 마음은 대상을 만나는 순간 1만 분의 1초 안에 본능적으로 호오好惡를 결정한다고 합니다. 심리학자들이 말하는 첫인상 결정 시간보다 훨씬 짧은 순간이지요. 첫인상이 결정되면 다음 단계로 호好의 대상은 친해지고 싶어 하고, 오惡의 대상은 멀리하고 싶은 의도가 생깁니다. 다양한 대상에게 이런 식의 관계 설정을 반복하다 보면 개인적인 호오의 성향이 결정됩니다.

친하고 싶은 이와 시간을 자주 보내고 싶은 것은 인지상정입니다. 친한 너와는 익숙해지고, 안 친한 너와는 서먹한 관계로 남겠지요. 이렇게 '너'의 종류가 나뉩니다.

친한 너에 대한 애증

우리는 오래 시간을 함께 보낸 가족, 애인, 친구 같은 사람들을 '친한 너'로 인식합니다. 문제는 안타깝게도 그 익숙하고 친한 사람들과의 관계가 애愛로 딱 떨어지지 않는다는 사실입니다. 어쩌면 애증愛憎 관계라는 표현이 정확하겠지요. 친한 너와 증오라니, 쉽게 납득이 안 될 수 있습니다. 《자비도량참법》에서는 이 원리를 간단히 보여줍니다.

"모든 원한은 친한 데서 생긴다. 친하지 않은 이와는 가까이 함이 없기에 원한 맺을 일도 없다."

관계를 맺고 함께 시간을 보내다 보면 온갖 경험을 공유하게 됩니다. 그런데 사람은 서로 모양이 다르게 마련입니다. 네모도 있고, 세모도 있지요. 그런 두 사람이 연인 관계라고 해볼까요? 네모와 세모는 당연히 자주 부딪힙니다. 그런 부딪힘 속에서 한 번 네모가 양보했다면 그다음엔 세모가 양보해야 합당합니다. 하지만 네모가 욕심이 많다 보니 세 번에 두 번 꼴로 이기곤 합니다. 세모의 마음에 불만이 조금도 없을까요?

관계 초반에는 사랑하는 마음으로 불만을 거뜬히 소화했기에 문제가 되지 않습니다. 하지만 이런 관계가 지속된다면 소화되지 못한 불만이 쌓이게 되고, 이것을 썩히면 원한이 됩니다. 이런 방식으로 '증'의 관계가 만들어집니다.

가족만큼 애증 관계를 명확하게 보여주는 예도 없을 것입니다. 가족은 태어날 때부터 함께하는 만큼 서로 수없이 많은 은혜를 주고받습니다. 이런 경험들이 은결恩結을 만들죠. 반대로 서운하고, 짜증나고, 싫고, 억울한 감정으로 인한 원결怨結 역시 많습니다. 가족 관계의 실체는 은혜의 끈과 원한의 끈이 복잡하게 얽힌 실타래입니다.

가족뿐 아니라 모든 관계의 실타래는 복잡합니다. 심지어 원한의 대상조차 원결만 있는 것이 아니라 은결이 복잡하게 섞여 있는 입체적 관계입니다. 이 복잡성 때문에 좋은 관계였던 사람이 갑자기 뒤통수를 치고, 나쁜 관계였던 사람이 갑자기 도움을 주어 기사회생하게 되기도 합니다. 관계란 예상을 벗어나는 경우가 비일비재합니다.

원결은 풀고, 은결은 만들고

관계를 아름답게 가꾸기 위해서는 원결은 풀고, 은결을 만들어야 합니다. 간단하지만 생각보다 복잡하고 어려울 수 있습니다. 원칙은 단 하나입니다.

"사랑을 베풀라."

원결은 사랑으로만 녹아내립니다. 원한이라는 감정은 결국 사랑받지 못해 생긴 상처에서 나오는 고름이니까요. 상대방에게 사랑을 베풀 때, 우리는 원한 관계에서 벗어날 수 있습니다.

하지만 원수에게 사랑을 베푸는 게 쉬운가요? 무작정 실현하기에는 난이도가 너무 높지요. 준비운동으로 상대방에게 저지른 잘못을 참회하는 방법이 있습니다. 참회는 상대방과 대면하지 않고 혼자서도 할 수 있기에 난이도가 대폭 떨어집니다. 물론 무엇을 잘못했는지 모르거나, 인정이 안 된다면 이것 역시 어렵게 느껴질 수 있습니다. 그렇다면 더욱 난이도가 낮은 실천 방법을 알려드려야겠지요.

"원수 같은 그도 결국 사랑받고 싶어 하는 불쌍한 존재이다."

이것 하나만 기억하면 됩니다. 그 이상 무엇도 더할 필요 없습니다. 상대와의 관계를 개선하고 싶을 때 잠깐씩 이 말을 떠올려보세요. 이 작은 시도가 쌓이면 원한이 연민의 감정으로 전환되는 기적을 경험할 수 있습니다. 그럼 이 연민의 대지 위에 사랑의 꽃을 피울 수 있게 됩니다.

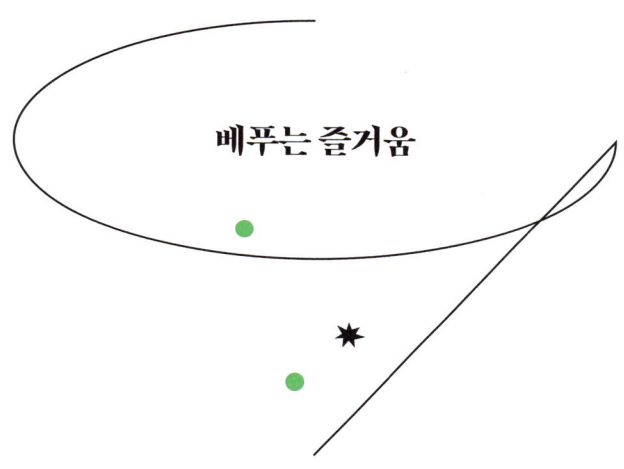

베푸는 즐거움

'부메랑 법칙'에 대해 들어보셨나요? 자신의 행위가 돌고 돌아 내게 되돌아온다는 선인선과, 악인악과의 이치를 말합니다. 영화 <아름다운 세상을 위하여>는 이 부메랑 법칙을 극적으로 보여줍니다.

중학생인 소년이 학교에서 숙제를 받습니다. 주제는 '아름다운 세상을 위하여 할 수 있는 일'입니다. 소년은 기발한 아이디어를 실천합니다. 먼저 세 명의 사람에게 조건 없는 도움을 베풉니다. 그리고 보답하고자 하는 이들에게 이렇게 부탁합니다.

"제게 보답할 필요 없어요. 대신 도움이 필요한 사람 세 명에게 조건 없이 도움을 주세요. 그리고 이 말을 똑같이 전해주세요."

세 명이 이 말을 실천한다면 조건 없이 누군가를 돕겠다는 사람이 아홉 명으로 늘어납니다. 그 아홉은 다시 스물일곱 명이 되겠지요. 이 도움 릴레이가 이어져 결국 세상이 아름다워질 것이라고 소년은 생각했습니다. 결과는 어떻게 되었을까요?

소년은 좌절합니다. 기대와 달리 베푸는 일에 익숙하지 않았던 사람들은 소년의 부탁을 실천하지 않았습니다. 심지어 소년은 폭행당하는 친구를 돕기 위해 용기를 냈다가 목숨을 잃게 됩니다. 소년은 생전에 베풂의 기적을 경험하지 못합니다.

하지만 기적은 소년의 죽음 뒤에 일어납니다. 그의 장례식에 생면부지의 사람들이 찾아옵니다. 조건 없이 도움을 받은 사람들이 이 릴레이를 시작한 소년이 친구를 도우려다 죽음을 맞이했다는 소식을 듣고 장례식에 온 것입니다. 도움을 이어나간 그들은 기적의 증거입니다. 어린 소년의 아이디어는 친구들과 선생님, 주변 사람들에게 불가능한 일로 보였지만, 결국 삶의 기적을 만들어냈습니다.

보시의 종류와 기쁨

불교 수행은 베푸는 일을 실천하는 보시바라밀에서 시작됩니다. 기독교의 수행 역시 베푸는 일의 중요성을 강조합니다. 기부와 봉사 같은 선한 행위는 종교를 초월하는 위대한 가치입니다.

베푸는 일의 기적은 부메랑이 돌아와야만 완성되는 것이 결코 아닙니다. 베풂을 실천할 때 우리는 즐거움의 진동을 만들어내는데, 이 첫 번째 수혜자는 바로 자신입니다. 분노가 만드는 고통의 첫 번째 피해자가 자신이듯, 베푸는 즐거움 역시 자신이 가장 먼저 만끽하게 됩니다.

만약 '베푸는 행위에 무슨 즐거움이 있겠느냐?'고 생각한다면 참으로 유감입니다. 진정한 베풂을 실천해 본 적이 없기에 그 즐거움을 모르는 것이기 때문입니다.

베푸는 행위는 주는 자와 받는 자의 마음을 함께 열어줍니다. 문을 걸어 잠근 채로는 무엇도 주고받을 수 없으니까요. 베푸는 마음의 작용으로 잘 주고, 잘 받는 사이 옹졸한 인색함이 사라지면 활짝 열린 자유의 마음을 경험할 수 있습니다.

베푸는 방법에는 여러 가지가 있습니다. 불교에서는 재보시財布施, 무외보시無畏布施, 법보시法布施, 세 가지 베푸는 수행이 있습니다. 재보시란 재물로써 다른 사람의 육체를 보살피는 것입니다. 무외보시란 친절로써 다른 사람의 두려운 마음을 보살피는 것이지요. 법보시란 지혜로써 다른 사람의 어리석은 어두움을 깨뜨리는 것입니다.

가진 것 없이도 베풀 수 있다

삼보시 외에도 무재칠시無財七施라는 말이 있습니다. 돈 한 푼 없이 베풀 수 있는 일곱 가지 방법이라고 풀어 말할 수 있겠군요. 가진 것 없이도 베푸는 즐거움을 누리고픈 사람을 위해 무재칠시를 소개하겠습니다.

첫째는 안시眼施로 자상한 눈길을 선물하는 것입니다.

둘째는 화안열색시和顏悅色施로 온화한 표정과 기쁨 가득한 얼굴을 선물하는 것입니다.

셋째는 언사시言辭施로 부드러운 말을 선물하는 것입니다.

넷째는 신시身施로 육체적인 봉사입니다. 노인의 짐을 들어주거나 친절히 길을 안내하는 소소한 도움으로도 충분합니다.

다섯째는 심시心施로 타인을 생각하는 자상한 마음입니다. 상대를 위한 기도나 축원의 마음도 이에 속합니다.

여섯째는 상좌시床座施로 앉을 자리를 베푸는 것입니다. 버스에서 힘든 이에게 자리를 양보하는 것도 이에 속하겠지요.

일곱째는 방사시房舍施로 여행객이나 나그네에게 숙소를 제공하는 것을 말합니다.

무재칠시는 말 한마디, 표정 한 번, 잠깐의 자상한 마음씨로 너와 내가 즐거움을 누리는 무비용 고효율의 베풂입니다. 마음을 가벼이 하고 일상생활에서 만나는 가족, 동료, 친구들에게 이를 실천해 보면 어떨까요? 베푸는 즐거움에서 마르지 않는 행복의 우물을 발견할 것입니다.

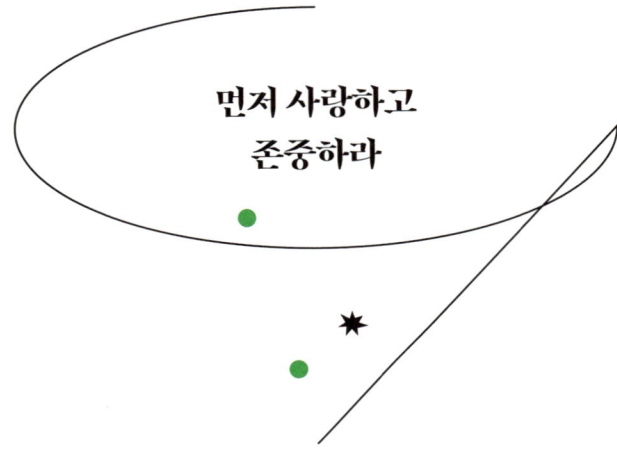

먼저 사랑하고
존중하라

존경받아 마땅한 사람은 누구일까요? 인격이 훌륭한 사람? 명예가 높은 사람? 돈이 많은 사람? 학식이 뛰어난 사람? 모두 온전한 정답이 아닙니다. 정답은 '당신의 눈앞에 있는 모든 사람'입니다.

존중받을 만한 구석을 도무지 찾을 수 없는 사람들도 물론 있습니다. 하지만 찾지 못했을 뿐 없는 것이 아닙니다. 누구나 훌륭한 점을 지녔고, 더 나아가 모든 이들은 존재 자체로도 이미 존귀하다는 것이 진리이기 때문입니다. 이 진리를 마음에 새기는 것은 관계의 개선이라는 매우 실용적인 이익도 가져다줍니다. 사람들은 진심 어린 눈빛으로 자신을 존중해주는 사람을 좋아합니다. 비록 아첨이라고 해도 말입니다.

존중의 힘

불교경전 《묘법연화경妙法蓮華經》에는 다양한 유형의 보살이 등장합니다. 세상의 모든 소리를 듣는 관세음보살, 병든 이를 고치는 약왕보살 같은 위대한 능력을 지닌 보살들 사이에 매우 평범한 보살이 있습니다. 바로 상불경보살입니다.

특별한 능력이 없지만, 이 보살은 특이한 행동 한 가지를 실천합니다. 그것은 누구를 만나든 결코 그 사람을 우습게 보지 않는다는 것입니다. 바꿔서 표현하자면, 만나는 모든 사람을 존중하는 것이지요. 이 행동 하나로 상불경보살은 모든 존재의 소원을 듣고 이뤄주는 관세음보살만큼 많은 사랑과 존경을 받습니다.

상불경보살은 모든 존재가 가진 무한한 가능성인 불성佛性을 바라봅니다. 그는 눈앞의 존재가 현재 갖춘 모습, 수준, 직업, 잘잘못에 연연하지 않습니다. 겉껍질과 무관한, 내부의 무한한 잠재력에 주목합니다. 가장 혐오스러운 잘못을 범하는 최하의 존재부터, 모든 것을 꿰뚫는 지혜를 성취한 최상의 존재까지 변할 수 있는 위대한 가능성만을 봅니다. 그 가능성만으로 모든 존재는 존중받아 마땅하다고 여깁니다.

대중들에게 엄청난 사랑을 받았던 마술사 하워드 서스톤이 사랑받는 비결에 대해 질문을 받은 적이 있습니다. 마술사의 대답은 이랬습니다.

"제가 사랑받는 마술사가 된 이유는 누구보다 대중을 사랑하고 존경하기 때문입니다."

먼저 사랑하고 존중하는 것, 이것이 그 어떤 마술보다 뛰어난, 사람들의 사랑을 받는 비결입니다. 특별한 비결이 있을 것이라 기대했던 질문자는 마술사의 평범한 대답에 실망했을지도 모릅니다. 하지만 대중 앞에 나서본 사람이라면 그의 답에 크게 공감할 것입니다. 존중받는다는 느낌은 따스함입니다. 세상 어느 누가 이 따스함을 싫어할까요?

관계를 바꾸는 1분

많은 사람들이 최고가 되어야만 존중받을 수 있다고 착각합니다. 진정으로 상대방에게 존중받는 비결은 1만 시간을 투자하여 전문가가 되는 것이 아닙니다. 단 1분, 상대방을 향한 정성

어린 마음과 따스한 눈빛을 보내는 것으로도 충분합니다.

　사람은 누구나 존중받고 싶습니다. 타인이 자신을 막 대하기를 원하지 않는다면, 존중받기 위해 노력해야겠지요. 쉽게 갈 길을 멀리 돌아가려 하지 마세요. 최고가 되어야만 존중받는 것이 아닙니다. 최고가 되어도 상대를 존중하지 못한다면 말짱 도루묵입니다. 지금부터 만나는 모든 이들에게 이름표를 붙여주세요. 그 이름표에는 이렇게 적습니다.

　'나를 존중해 주세요.'

　이와 함께 반드시 기억해야 합니다. 그들의 요구를 들어줄 때 당신 역시 상대에게 존중받을 수 있다는 사실을요.

　'만나는 모든 사람을 존중하기.'

　지금 당장 실천할 수 있는 일입니다.

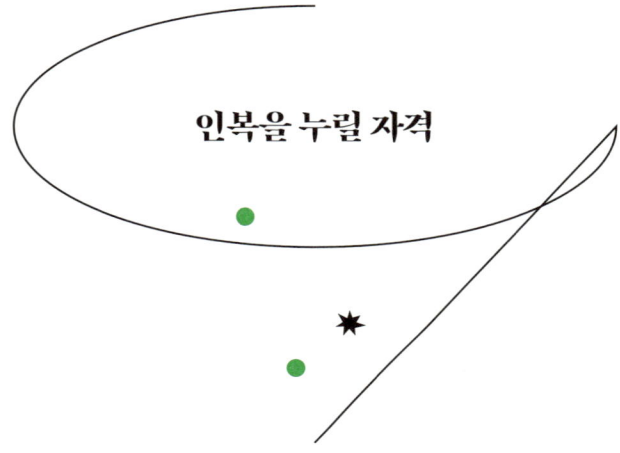

인복을 누릴 자격

살아가면서 좋은 사람이 주변에 많은 것만큼 행복한 일도 없습니다. 인복이 많아지는 법, 사람을 섭수하는 비결은 매우 다양한 조언으로 우리에게 소개되었습니다. 그중 붓다가 제시하는 인복을 늘리는 네 가지 방법, 사섭법四攝法에 대해 이야기해보겠습니다.

첫 번째는 보시섭布施攝으로, 자신이 가진 것을 다른 사람들에게 베푸는 행위입니다. 인연이 닿은 이들에게 사소한 비타민 음료라도 베풀어본 사람이라면, 상대의 마음이 의외로 간단하게 열리는 마법의 순간을 목격했을 것입니다.

두 번째는 애어섭愛語攝입니다. 사랑의 표현 중 가장 쉽게 드러나는 것이 바로 말입니다. 생각은 보이지 않고, 행동은 좀 무거운 측면이 있지요. 존경하는 말, 칭찬하는 말, 아끼는 말, 따스한 말을 관계 속에서 실천한다면 많은 이들에게 사랑이 넘치는 매력적인 사람으로 다가설 수 있습니다.

세 번째는 이행섭利行攝으로, 상대방의 이익을 배려하는 행동입니다. 내 이익을 포기하기 어렵다면 최소한 서로에게 이익이 되는 방향으로 고민하고 실천해야 합니다. 누군가가 나의 이익을 챙겨준다면 그 사람과 친구가 되고 싶지 않을까요?

마지막은 동사섭同事攝으로, 상대가 하고 싶은 일을 함께 해주는 것입니다. 내게 좋은 일만 해달라고 떼쓰는 것은 어린아이의 마음입니다. 반면 상대방의 의견을 따라주는 것은 어른의 마음이지요. 누구라도 철없는 어른아이보다는 진정 어른스러운 사람과 깊은 관계를 맺고 싶어 할 것입니다.

현실은 다를 수 있다

사섭법에 대해 들으면 우리는 쉽게 이해하고 공감합니다. 하지만 현실에 적용해 보면, 이 단순한 네 가지 방법이 생각보다 어렵다는 것을 절감하게 됩니다.

처음 시도하는 일은 그게 무엇이든 어렵게 느껴지기 마련입니다. 못하는 것이 당연합니다. 다만 포기하지만 마세요. 사섭법을 몸에 익히기 위한 지속적인 노력을 통해 우리는 왕자의 인복을 누리게 됩니다. 이를 위해 일단 두 가지 조치가 필요합니다.

첫째는 장기적으로 사섭법을 실천하고 익히겠다는 목표와 다짐입니다. 이는 살아가며 두고두고 꺼내볼 나침반이 될 것입니다.

두 번째는 최소한의 심리적 방어선 구축입니다. 인간관계를 유지하기 위한 최후의 방어선 말입니다. 타인을 친절하게 대하며, 적극적인 존경의 태도는 못 되더라도 '최소한 무시하지는 않겠다'는 결심입니다. 상대를 무시하지만 않아도 적어도 원수가 되지는 않습니다. <친구라도 될걸 그랬어>라는 제목의 노래가 있습니다. 헤어진 연인에 대한 노래지만, 인간관계 전반에 이 후회의 말을 적용할 수 있습니다.

일그러진 관계의 원인은 다양하겠으나 그중 가장 흔한 하나가 바로 무시하기입니다. 당한 이는 자존감이 낮아지고, 자신의 비천함을 반복해서 확인하게 되는 그런 관계를 유지하고 싶지 않을 것입니다. 관계 속 최후의 방어선을 유지하는 것은 미래의 변화를 위한 초석이 됩니다.

무시에서 관심으로

만약 세상 모든 이에게 사랑받을 방법이 있다면 천만금을 치르고라도 얻고 싶은 게 사람 마음입니다. 많은 이들이 원하는 삶의 비결이기 때문이죠. 어떤 스펙과 자기계발보다도 매혹적인 이런 환상적 비결이 과연 존재할까요? 안타깝게도 세상 모든 사람 마음에 드는 방법은 없습니다.

하지만 세상 모두를 내가 먼저 조건 없이 사랑할 수는 있지요. 사섭법의 실천을 통해 부단히 사랑을 연습하여 내면의 사랑을 키워나간다면, 언젠가 우리는 무조건적인 사랑의 의식에 도달하게 됩니다. 사랑의 힘이 태양처럼 밝아진 이들은 어떤 차별도 없이 인연 닿는 모든 이들에게 사랑의 빛을 방사합니다. 있는 그대로 존중하고 아껴주는 그들 앞에 서면 가슴이 뻥 뚫리고 두려움이 녹아내립니다.

사랑의 시작은 마음을 여는 것입니다. 두려움은 마음을 닫게 만듭니다. 마음을 닫은 채 형성되는 인간관계는 무관심과 무시로 이루어집니다. 두려움을 버려야 비로소 상대방을 마음으로 받아들이게 됩니다. 상대에 대한 관심이 생겨나고, 따스한 눈빛과 몸짓을 보여줄 마음의 준비를 마쳤을 때, 비로소 인복을 누릴 자격이 갖춰진 것입니다.

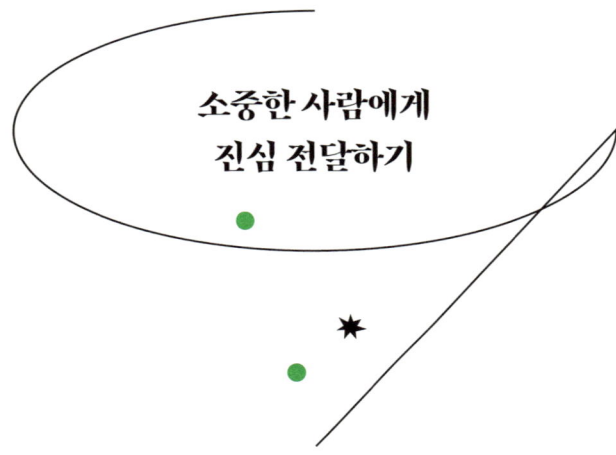

소중한 사람에게
진심 전달하기

모든 일에는 타이밍이 중요합니다. 적절한 타이밍에 내뱉는 욕설이 어떤 칭찬보다도 선한 효과를 불러일으키는 반면, 부적절한 타이밍에 내뱉은 칭찬은 모욕으로 받아들여지기도 합니다.

"침묵은 금이고 웅변은 은이다."

그리스 정치가 데모스테네스의 말입니다. 언뜻 침묵의 중요성을 강조하는 내용으로만 읽히지만, 좀 더 들여다보면 타이밍의 중요성에 대한 말로도 해석이 가능합니다. 타이밍의 중요성을 강조하여 위의 말을 바꾸자면 '적절한 타이밍의 침묵은 금이고, 웅변은 은이다'가 될 것입니다. 반대로 부적절한 타이밍의 침묵과 웅변은 똥입니다.

붓다가 제자들에게 이렇게 말했습니다.

"너희들은 진리를 찾아 출가한 사람들이니 당연히 진리에 대해 이야기하게 될 것이다. 하지만 지혜로운 이의 침묵도 버려서는 안 된다. 말할 때는 말하고, 필요한 순간에는 침묵할 줄 알아야 마음의 평온을 얻고 때를 놓치지 않을 수 있다."

말 속에 담긴 마음

어느 날, 한 청년이 애인과 싸우고 나서 어떻게 화해를 해야 할지 모르겠다고 물었습니다. "미안해"라고 해도, 하지 않아도 혼이 난다는 것입니다. 저는 이렇게 답했습니다.

"미안하다고 말을 하느냐 마느냐는 상관이 없습니다. 중요한 것은 말이 아니라 정말로 미안한 마음이니까요. 상대는 아마 진심으로 미안해하는 마음을 느끼고 싶을 것입니다."

사람들은 왜 칭찬받고 싶을까요? 말의 내용보다도 말하는 사람의 기쁨이 중요합니다. 진심으로 감탄하고 함께 기뻐하는 상대의 마음을 느껴야 행복이지, 껍데기인 말에 행복해지지 않습니다. 성의 없는 칭찬은 오히려 모멸감을 느끼게 합니다.

칭찬은 적절한 타이밍에 들려주는 것이 중요합니다. 여기서 '적절한'이라는 단어가 말 아래 숨겨진 의도를 짚습니다. 말하는 이의 마음이 중요하다는 뜻이지요. 말하는 사람의 이익을 위한 칭찬이라면 이는 아첨이 됩니다. 하지만 상대방의 열정을 살려내기 위한 칭찬은 격려가 됩니다. 상대방의 훌륭한 행동에 진심으로 감탄하고, 함께 기뻐함을 수희찬탄隨喜讚嘆이라 부릅니다.

여러분은 어떤 칭찬을 받고 싶으십니까? 때로는 아첨의 컵라면도 필요하지만, 가능하다면 누구나 수희찬탄의 진수성찬을 선택할 것입니다. 누군가가 당신의 행위를 보고 진심으로 감동하고, 찬탄하며, 함께 기뻐하는 모습을 그려보세요. 상상만으로도 미소가 피어오를 것입니다.

수희찬탄의 기적

적절한 마음, 수희찬탄의 마음이 준비되면 칭찬에는 따로 타이밍이 없어집니다. 아첨은 그 본성이 빈약하기에 타이밍을 재고 따지는 것이 중요하지만, 수희찬탄에는 그럴 필요가 없습니다. 상대의 훌륭함을 진심으로 느끼고, 감탄하는 마음을 바탕에 둔 수희찬탄은 소중한 사람들을 비상하게 합니다.

출가 후 처음으로 부모님과 재회했을 때, 부모님은 어린 사미승인 제게 공손히 세 번 절하셨습니다. 보잘것없는 예비 승려에게 왜 세 번이나 절을 하느냐고 묻자, 이렇게 대답하시더군요.

"부모가 어른으로 인정하지 않는 자녀를 누가 어른으로 인정하겠습니까? 우리가 먼저 스님을 공경해야 세상 사람들도 스님을 존경할 수 있습니다. 스님은 우리의 스승입니다."

이 말은 나태해지고 게을러지는 순간마다 나를 비상하게 하는 수희찬탄이 되었습니다. 부모에게 이런 존경을 받으면서 나태함에 빠질 수는 없었습니다.

소중한 사람에게 귀한 한마디를 꼭 들려주세요. 삶의 걸림돌에 걸려 넘어진 순간, 힘을 내서 일어설 보약 한마디를 꼭 전하세요. 이것은 더할 나위 없이 적절한 타이밍의 칭찬입니다.

터닝 마인드 실전 3

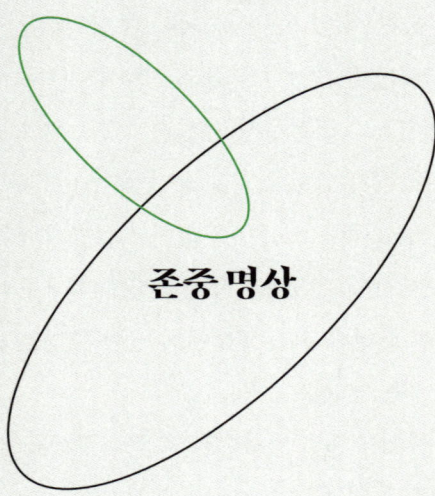

존중 명상

기본 명상을 꾸준히 이어오고 계신가요? 기본 명상을 통해 주의력의 힘을 자유롭게 쓸 때, 우리 삶의 도약은 훨씬 쉬워집니다. 그렇기에 강조하고 권하는 것입니다.

앞선 응용 명상 두 가지는 상상력과 글쓰기의 수단을 활용했습니다. 세 번째 응용 명상은 혼자서 하는 명상이 아니라 다른 이와의 관계 속에서 이루어집니다. 앞선 두 가지 명상의 키워드는 확장과 오픈이었습니다. 의식을 넓히고, 마음을 열기 위해 장애물을 제거하는 과정이었죠.

그렇다면 열린 마음에는 무엇을 담아야 할까요? 사람을 담아야 합니다. 우리는 끝없는 관계 속에서 살아가게 됩니다. 관계는 피할 수 없습니다. 누군가 마음에 들어오는 것을 경계하고 계속해 방어한다면, 삶은 어색하고 부자연스러워집니다. 그러니 나와 다른 그들을 기꺼이 수용해야 합니다.

명상법

이번 명상에도 준비물이 필요합니다. 이번에는 물건이 아닌 사람입니다. 어렵게 생각할 필요는 없습니다. 우리가 일상에서 만나는 이들이면 충분하니까요. 존중 명상을 한마디로 표현하자면 듣기 평가입니다. 언어 듣기 평가를 하는 동안 우리는 침묵을 유지합니다. 주의력을 온통 집중점인 듣는 내용에 온합니다. 다른 곳에 주의력을 빼앗긴다면 좋은 성적을 기대하기 어렵겠지요. 사실상 우리는 존중 명상을 이미 오랫동안 연습해 왔습니다. 회사에서, 학교에서, 카페에서, 집에서, 어떤 장소에서든 대화를 나누는 사람의 마음을 듣는 것이 이 명상의 전부입니다.

본격적으로 방법을 설명하겠습니다. 눈동자에 비친 사람과 평소와는 조금 다른 두 가지 규칙 아래 대화를 나눕니다. 첫째, 당신에게는 발언권이 전혀 없습니다. 정해진 시간만큼 상대방의 말을 무조건 듣습니다. 이때 주의력이 향해야 할 집중점은 당신의 귀에 들리는 상대방의 소리입니다. 둘째, 발언권은 없지만 침묵해서는 안 됩니다. "그랬군요, 맞아요, 잘하셨네요, 굉장한데요?"와 같은 적절한 리액션을 해야 합니다. 이렇게 대화한 후 스스로의 명상 결과를 평가하는 질문이 하나 있습니다.

"상대의 말 속에 숨겨진 마음은 무엇이었습니까?"

여기에 답할 수 있어야 합니다. 두 가지 규칙과 평가문제 하나가 상대방의 말을 경청하는 존중 명상의 전부입니다.

1 대화를 하기 전에 "지금부터는 상대방의 말을 잘 듣겠다"고 결심한다.

2 상대방의 말이 끝날 때까지 소리에 집중한다.

3 끼어들어 말하고 싶은 자신을 알아차리면 그 마음에서 주의력을 오프하고, 다시 상대방의 말에 주의력을 온한다.

4 듣는 동안에 긍정의 의미를 담아 "그랬군요, 맞아요, 잘하셨네요, 굉장한데요?" 등의 리액션을 한다.

5 대화 후 존중 명상을 잘 실천했는지 살펴보고, "상대방의 말 속에 숨겨진 마음은 무엇이었나?"라는 질문에 스스로 답해본다.

명상 플러스

존중 명상은 따로 시간을 정해 할 수 없습니다. 상대가 필요하기 때문이지요. 우리는 대체로 매일 누군가와 대화하므로, 이 명상은 매일 반복해서 실천해 보길 권합니다. 실천하면 할수록 인간관계가 개선되는 마법을 경험할 수 있습니다.

일상에서 이뤄지는 이 명상은 10분 이상을 권장합니다. 시간이 허락한다면 조금 더 길게 해도 좋습니다. 처음 시도할 때는 주의력이 자꾸 흩어지고, 말하고 싶은 욕구를 참기가 어려울 수도 있습니다. 하지만 매일 연습하다 보면 다양한 노하우가 생겨납니다. 사람을 만나 대화를 시작하기 전 미리 결심하세요. 이 명상을 실행하는 동안 온전히 듣겠다 다짐하고 규칙과 목적을 상기하세요. 특히 듣는 중간 적절한 리액션이 중요합니다. 이것이 상대방의 말 아래 깔린 마음을 읽어내는 좋은 도구이기 때문입니다.

이렇듯 작심하고 경청하는 태도로 대화에 임하다 보면, 모든 사람이 각자의 개성이 있고 서로 다르다는 것을 알게 됩니다. 이런 차이를 기꺼이 수용하는 데 존중 명상이 도움이 될 것입니다. 우리는 행복한 삶을 위해 마음을 바꿔나가는 중입니다. 확장되고 열린 마음에 사람을 담는 가장 좋은 방법은 듣는 것입니다.

주의력을 온한 상태로 상대방의 목소리에 집중하는 순간, 그 사람을 마음속에 담은 것입니다. 사람의 말을 귀담아듣는 것. 이런 존중이 건강한 관계의 시작임을 기억하고, 지속적으로 존중 명상을 실천해 나가길 권합니다.

충분히
사랑하고
사랑받자

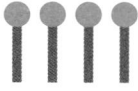

마음이 확장되고 열렸다면
가까이 있는 이들과
사랑을 주고받으세요.

원수를 사랑하는 어려운 일은
나중으로 미루고,
항상 곁에 있는 가족과 애인을
순수하게 사랑해 보세요.

혹시 너무 쉽다고 생각하십니까?

순도 100%의 사랑은 생각보다 어렵습니다.

가족에게는 애정과 증오가,
애인에게는 사랑과 집착이 섞이곤 하니까요.

불순물을 제거하고 나면
사랑하는 사람과 함께하는 데
오직 즐거움만 존재합니다.
존경하는 태도로, 열린 마음으로
순도 높은 사랑을 품길 바랍니다.

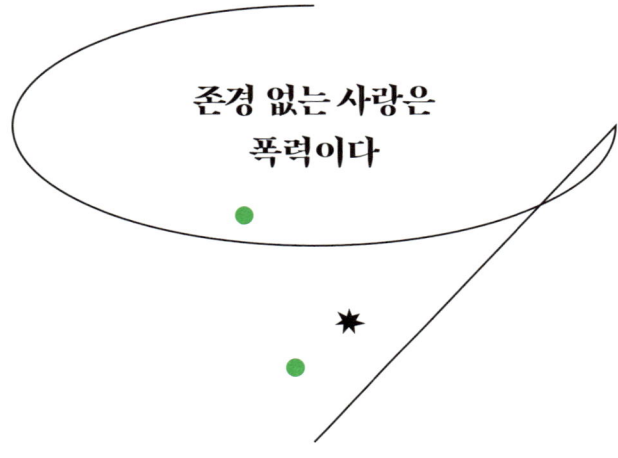

존경 없는 사랑은
폭력이다

경상남도 산청 송덕사에 한 가족이 찾아왔습니다. 부모님 얼굴에 수심이 가득했습니다. 아들이 학교에서 친구를 때려 '학교폭력위원회'가 열렸다더군요. 여기저기 쫓아다니며 고개 숙여 사과를 하다 보니 아이에게 실망했고, 마음이 지쳐버린 상태였습니다. 그 힘든 마음에 이런 말로 그만 불을 질러버렸습니다.

"아들을 무조건 사랑해주셔야 해요."

아이 엄마의 표정이 순간 멍해지더군요. 그리곤 눈물을 흘리며 열을 올렸습니다.

"스님, 저는 할 만큼 했어요!"

중요한 것은 자기가 할 수 있는 만큼 하는 게 아닙니다. 무조건적인 사랑을 주는 것이 바로 부모의 역할이자 의무입니다. 존중 없는 조건부의 사랑은 자녀에게 폭력으로 느껴질 수 있습니다.

가족이니까

옆에 있던 아이의 아빠가 말을 시작했습니다.

"스님, 아들이 친구를 때린 것을 알고 너무 화가 나서 제가 숙제를 내줬습니다. 학교폭력의 위험성과 실태에 대해서 A4 용지 다섯 장 분량으로 조사를 해오라고 했습니다. 그런데 숙제를 안 하고 놀기만 하는 아들 모습을 보니 또 짜증이 납니다. 어떻게 해야 할까요?"

참고로 아들은 초등학생이었습니다. 아이에게 아빠의 숙제가 어떻게 느껴졌을까요? 아마도 폭력으로 느껴졌을 겁니다. 아이가 감당하기 어려운 일일 뿐더러, 그 숙제가 아빠의 해결되지 않은 감정이 넘쳐흐른 것임을, 다시 말해 화풀이임을 아이는 분명히 알아챘을 거예요.

부모의 감정에 압도된 아이가 할 수 있는 일은 사랑을 달라고 떼쓰는 것뿐입니다. 성인이 아닌 아이에게는 지극히 정상적인 반응이지요. 하지만 아빠의 마음에는 그 자연스러운 모습이 거슬릴 따름입니다. 자신이 내건 조건을 아이가 충족시키면 좋겠다는 집착이 마음에 가득하기 때문입니다. 그러니 '무조건' 사랑을 줄 수 없는 것입니다.

가족을 사랑하는 데 조건이 붙기 시작하면 탐욕은 눈덩이처럼 커집니다. 부모는 아들이 공부 잘하고, 말을 잘 들어야 사랑을 줍니다. 아들은 부모가 용돈을 주고, 원하는 옷을 사줘야 사랑으로 보답합니다.

이런 조건들 없이 서로를 무조건적으로 사랑하면 좋겠습니다. 이유는 간단합니다. 가족이니까요.

최선을 다해야 하는 포인트

가족을 무조건 사랑하는 데 방해물은 무엇일까요? 정해놓은 조건에 대한 나의 탐욕입니다. 게임을 오래 하는 아들을 왜 인정해주지 못할까요? 학교에서 꼴찌 하는 딸을 왜 사랑해주지 못할까요? 고집 세고 하고 싶은 말만 하는 노모를 왜 사랑해주지 못할까요? 자기가 만든 탐욕에 자기가 갇힌 꼴입니다.

무조건적으로 사랑하기 위해 최선의 노력을 하고자 한다면, 포인트는 이 탐욕을 놓아버리는 데 두어야 합니다. 이제 가족을 조종하려는 의도는 버리고, 있는 그대로 인정해주면 좋겠습니다.

공부를 못해도 괜찮아. 성격이 까칠해도 괜찮아. 결혼을 못해도 괜찮아. 이런 마음을 가질 때 폭력적 시선이 아닌 사랑의 시선으로 상대를 바라볼 수 있습니다. 이 말을 잘 되새겨보시고, 도움을 얻기를 바랍니다.

"살아만 있어 준다면 다 고맙다, 다 괜찮다."

가족이 저마다의 성향에 따라 어떤 모습으로, 어떤 방식으로 삶을 살든 전부 인정해 주려면 이 말처럼 기대와 집착이 최소한도로 낮아져야 합니다. 죽지 않고 살아만 있어줘도 전부 고맙다는 마음가짐으로 무장하면 어떤 '꼴'이든 전부 사랑할 수 있습니다. 죽음이 서로를 갈라놓은 후 뒤늦은 후회에 시달리고 싶지 않다면 이 마음가짐을 꼭 연습해 둘 필요가 있습니다.

가족을 사랑하고 싶나요? 폭력적이고 공격적인 가족이 아니라 같은 편이 되어주고 싶으신가요? 바라는 조건들을 최선을 다해서 놓아버리세요. 존재 자체만으로도 온전히 사랑해줄 수 있는 힘을 갖출 때, 비로소 서로의 마음속 사랑은 반짝이며 빛을 냅니다.

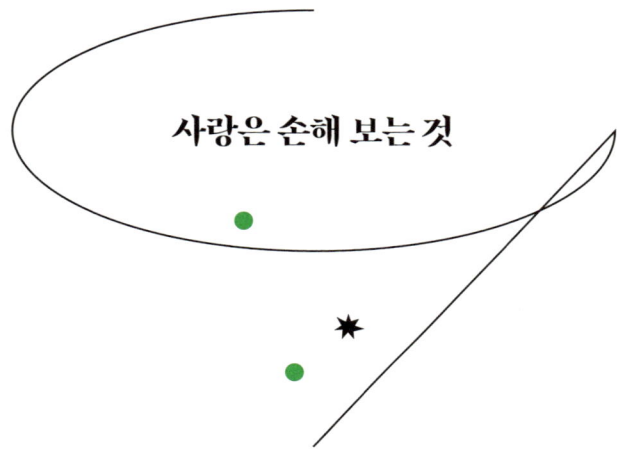

사랑은 손해 보는 것

"영원히 사랑해."

허황된 말입니다. 영원이라는 말의 무게를 무시하는 유치한 생각이지요. 우리 범부들의 생각은 끊임없이 변화하는 속성을 가지고 있습니다. 말 그대로 '끝없이' 변합니다. 이 마음을 어떻게 영원히 붙잡아둘 수 있을까요? 어림도 없는 착각입니다. 차라리 쏟아지는 폭포수를 멈추는 것이 쉬운 일입니다.

사랑을 유지하는 방법

그럼 영원히는 아니더라도 오랫동안 사랑을 유지하는 방법은 없을까요? 일단 사랑을 유지한다는 생각 자체가 착각입니다. 사랑하는 사람들을 만날 때, 늘 같은 느낌만 받으십니까? 새로운 느낌은 없으신가요? 어느 날은 그냥 무작정 함께 있어 기쁘고, 어느 날은 짜증이 나지만 그럼에도 불구하고 좋고, 또 어떤 날은 무덤덤하면서도 좋은 편이고, 어떤 때는 싫지만 사랑하는 마음이 여전하기에 억지로 함께하기도 합니다. 이렇게 나와 너의 조건에 따라 매번 다른 사랑을 경험합니다. 사랑은 끊임없이 변하는, 고정된 실체가 없는 느낌임을 분명히 인지해야 합니다.

이것을 인정하고 나면 우리는 사랑을 유지하기 위해 좀 더 세밀한 전략을 짤 수 있습니다. 어차피 계속 변하는 것이 사랑의 느낌이라면, 내 안에 고정된 느낌을 유지하기 위해 노력하기보다는 사랑하는 대상인 상대방에게 초점을 맞춰보면 어떨까요?

끝없이 변하는 사랑의 단면만을 붙잡고 늘어지는 어리석음에서 벗어나, 필연적 변화의 흐름을 수용하고 오히려 적극적으로 활용하는 것입니다. 상대를 매일 새롭게 사랑하기 위해 노력하는 것이 바로 그 전략입니다.

늘 새로운 사랑

영화 <뷰티 인사이드>의 주인공은 어느 날 갑자기 자신에게 다가온 큰 변화에 당황하고 절망합니다. 매일 자고 일어나면 자신이 낯선 사람의 외모로 변해 있는 것입니다. 남녀노소를 가리지 않고 매일 바뀌는 자신의 모습에 혼란을 겪지만, 시간이 지남에 따라 매일 새로워지는 삶에 나름대로 적응하게 됩니다.

그런데 다시 마음을 뒤흔드는 문제가 발생합니다. 사랑하는 여자가 생긴 것입니다. 이게 왜 문제냐구요? 외모만 보자면 자신은 매일 다른 사람입니다. 만약 그녀에게 사랑을 고백하더라도 다음 날 자신은 다른 사람으로 변해 있게 됩니다. 이런 상황에서 과연 사랑을 이어나갈 수 있을까요? 절망적인 상황이지만 여자를 간절히 사랑했던 주인공은 둘의 관계를 발전시킵니다. 두려움을 무릅쓰고 자신의 상태를 고백하고, 우여곡절 끝에 사랑을 이어나가게 되지요.

영화 속 여자의 입장은 어떨까요? 사랑하는 상대방이 매일 다른 사람으로 변합니다. 하지만 그의 내면에 있는 이는 자신이 사랑하는 한 사람입니다. 여자는 참으로 절박합니다. 매일 새로운 사람을 사랑하지 못하면 자신의 사랑을 지킬 수 없기 때문이죠. 변한 그의 모습이 여자일 수도, 노인일 수도, 못생겼을 수도 있습니다. 매일 낯선 사람을 보면서 사랑하는 그라 믿으며, 새

210

로운 느낌으로 사랑하기 위해서는 정말 최선을 다해야 합니다. 여자의 이런 절실한 노력이 심한 스트레스가 되어 정신과 치료를 받아야 할 정도에 이르지만, 그럼에도 불구하고 그녀는 사랑을 유지하기 위해 최선을 다합니다.

평범한 사랑을 하는 우리들도 이렇게 서로에게 노력해야 합니다. 말 그대로 일일신하고 우일신한 사랑을 하기 위해 서로가 최선을 다해야 합니다. 여기서 최선을 다한다는 것은 성의와 정성을 다한다는 것이지, 매일 이벤트를 연다는 얘기가 아닙니다. 사랑하는 사람과 함께할 때는 초심으로 돌아가 연애를 시작할 때처럼 대하세요. 스마트폰 대신 상대를 바라보며 소통해야 합니다.

거래가 아닌 사랑

사람들은 연애할 때 이런 생각을 합니다.

'내가 너무 사랑하면 바보 같아 보이지 않을까? 손해 보는 것 아닐까?'

바보 같아 보이면 어떻고, 손해 좀 보면 어떻습니까? 원래 사랑은 바보 같은 것이고, 손해 보는 일입니다. 이게 싫다면 사랑이 아닌 거래를 하겠다는 말입니다. 만약 거래를 하고 싶다면 계약서 명확히 작성하고, 계약연애를 하시는 게 좋습니다. 그게 아니라면 좀 손해를 봐도, 바보 같아 보여도 그냥 최선을 다해 사랑하세요.

자발적으로 연애하는 것을 포기할 생각이라면 스님이 되세요. 그럼 누구도 연애와 결혼을 강요하지 않습니다. 자신의 영적 성장을 통해 삶의 만족을 느끼며 살아갈 수 있습니다. 제가 스님 해보고 추천하는 겁니다.

혼자 사는 삶을 선택할 게 아니라면 부디 사랑하면서 살아가세요. 부디, 정신 건강에 좋지 않은 허무한 취미들로 일상을 채워나가며 외로움에 발버둥치지 말고 좀 바보 같아도, 좀 손해봐도, 그냥 사랑하세요.

여러분이 사랑을 주고받으며 외롭지 않았으면 좋겠습니다.

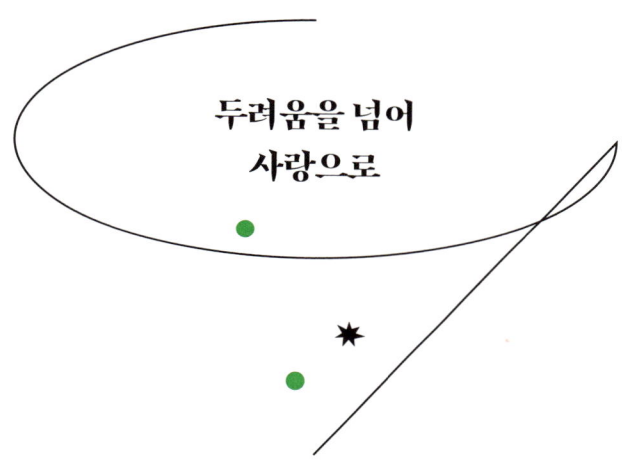

두려움을 넘어
사랑으로

사랑과 집착은 확연히 다릅니다. 사랑은 이완시키는 반면 집착은 경직시킵니다. 마치 빛과 어둠처럼 극명한 차이입니다. 이런 차이에도 불구하고, 많은 사람들이 사랑의 껍데기를 뒤집어씌운 집착에 속으며 살아갑니다. 행복하기 위해 사랑을 선택했지만, 집착이 되어 고통을 빚어내는 경우가 태반입니다.

집착적 사랑은 잃을까 전전긍긍하고 두려워하도록 만듭니다. 집착이 만들어내는 두 가지 부작용이 바로 분노와 두려움이거든요. 두려움에 빠졌을 때를 기억해 보세요. 온몸이 뻣뻣해지고, 아주 작은 소리에도 예민하게 반응하며, 자신을 보호하는 벽을 세우게 됩니다.

그런 상태에 있을 때 누군가 가까이 다가오도록 허락할 수 있을까요? 나아가 다른 사람에게 한 발짝 다가갈 수 있을까요? 서로 가까이 갈 수 없는데 도대체 어떤 방법으로 사랑할 수 있을까요? 두려움과 사랑은 양립할 수 없습니다.

험한 세상을 살아가기 위해 존재는 자신을 보호하는 벽을 만듭니다. 그렇게 겹겹이 둘러쳐진 철옹성 안에서는 안전을 보장받겠지만 재미없는 세상을 살아가야 합니다. 새로움을 거부하고, 다람쥐 쳇바퀴 같은 일상 속에서 두려움의 벽이나 보수하면서 살아가는 삶이 어떻게 재미있겠어요. 사랑을 주고받기 위해서는 일단 이 철옹성 밖으로 한 발짝 나서는 용기가 필요합니다.

두려움으로 뛰어들다

저는 수영을 못 합니다. 그래서 물에 들어가는 것을 늘 두려워했습니다. 한번은 사람들과 함께 바다에 들어가야 할 상황에 처했습니다. 물에 발도 담그기 전부터 두려움이 시작되었지요. 어쨌거나 들어가겠다고 결심을 했지만, 여전히 두려움이 사라지지 않았습니다.

저는 바닷속을 자세히 들여다봤습니다. 또 먼저 바다에 들어간 사람들도 관찰했습니다. 그러고 나니 이런 생각이 들더군요.

'바다 안에 나를 위협할 것은 아무것도 없구나. 나보다 작은 사람도 저기까지 간 걸 보니 그다지 깊지도 않네.'

두려움을 버리기 위해 두려움의 대상을 자세히 관찰하는 것은 큰 도움이 됩니다. 서서히 실체가 보이기 때문이지요. 그러다 보면 두려움 속으로 뛰어드는 시도가 가능할 만큼 두려움이 작아지는 순간이 옵니다. 그때 뛰어들면 적어도 심장마비는 면할 수 있겠지요?

두려움을 버려야 사랑할 수 있고, 무엇이든 접촉해야만 사랑할 수 있습니다. 육체적인 터치, 눈빛의 터치, 마음의 터치! 두려움의 벽으로 무장하고 있으면 결코 접촉이 일어나지 않으니 사랑을 하고 싶다면 두려움을 먼저 무너뜨려야 합니다.

관찰하라

오래 품어온 두려움을 무너뜨리기 위해서는 관찰해야 합니다. 철옹성 안에서 나만을 보던 시선을 돌려 눈앞의 상대방을 바라봐야 합니다. 마음이 가는 이에게 눈길이 자꾸 가는 이유는, 두려움을 넘어 그 사람에게 다가가고자 하기 때문입니다.

상대방을 바라보는 것이야말로 두려움을 넘어 사랑을 시작하는 비결입니다.

공자는 제자들에게 인(仁)해지기를 끊임없이 강조했습니다. 인하지 못한 인간은 인간답지 않다고 말하고, 인한 것은 인간이 태생적으로 가지고 태어나는 기본 능력이라고도 했습니다. '인하다'는 것은 도대체 무엇일까요?

도올 김용옥 교수는 '인하다는 것은 느낀다는 것'이라고 말합니다. '불인은 마비'를 뜻한다는 한의학 용어를 근거로 제시하기도 했습니다. 자신을 사랑하는 것, 상대방을 사랑하는 것, 세상을 사랑하는 것의 기본이 바로 인해지는 것입니다. 자신의 감정과 생각을 느끼고, 상대방과 세상을 느끼는 것이 기본입니다. 그리고 이 느끼기의 기반은 바라보는 것입니다.

만약 누군가를 사랑한다고 말하면서 그 사랑 때문에 두려움을 느낀다면 점검해보셔야 합니다. 그때의 사랑은 껍데기에 불과할 뿐, 속내는 집착일 가능성이 높습니다. 사랑은 우리를 안심하게 하고, 집착은 우리를 두려움에 빠뜨리니까요.

지나치게 두려울 때는 먼저 그 대상을 바라보는 연습을 해보세요. 대상에게 시선을 두고, 자세히 관찰하세요. 두려움이 사그라들고, 시선을 온전히 대상에게 둘 수 있게 되면 상대를 아끼고 사랑하기 시작한 것입니다. 이렇게 두려움이 진정되면 내가 사로잡힌 집착이 어떤 것인지를 찾아보세요. 이 집착의 독기를 제거하지 않으면 사랑은 언제든 다시 변질될 수 있습니다.

이것은 남녀관계의 사랑에만 적용되는 것이 아닙니다. 부모 자녀, 형제, 친구들, 동료, 스승, 제자, 모든 관계 속에서도 마찬가지입니다. 누군가를 사랑하고 또 사랑받고 싶다면, 관찰을 통해 두려움의 철옹성에서 벗어나야 합니다.

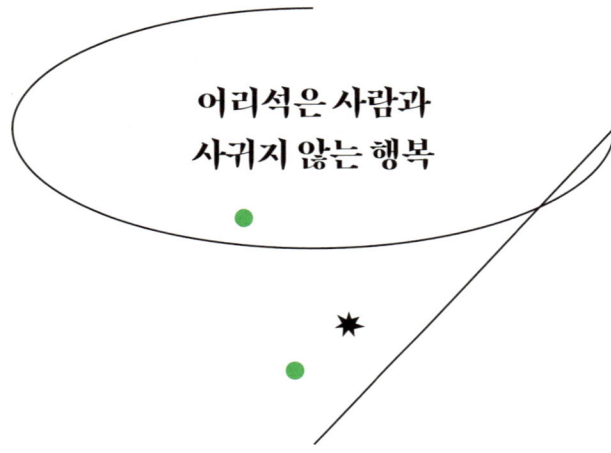

어리석은 사람과
사귀지 않는 행복

"나쁜 남자(여자)가 취향이다"라고 말하는 사람들이 있습니다. '나쁘지만 멋진' 허상을 좇다가는 큰 손해를 입곤 합니다. 멋진 상대를 찾다가 껍데기만 번듯한 못난 사람을 만나게 될 가능성이 있으니까요.

진짜 멋진 사람은 자신감이 있기 때문에 굳이 센 척하지 않습니다. 못난 이들에게 센 척은 내실을 키우는 것보다 정말 쉬운 일입니다. 게다가 상대가 그 모습을 좋아한다고 착각하니 그 일에 두세 배 몰두합니다.

여성들이 말하는 '멋진 강인함'은 자신에게 휘두르는 폭력적 행동이 결코 아닐 것입니다. 폭력적인 사랑을 지속하는 연인들이 있지요. 데이트 폭력이 일어나고, 이별 후에는 복수심으로 해코지를 합니다. 어리석은 사람과 함께하는 것은 고통일 뿐입니다.

집착에서 존경으로

지혜로운 사람들은 서로를 존경합니다. 연인 관계 역시 마찬가지입니다. 진짜배기 사랑의 기본은 존경입니다. 만약 언어, 심리, 행동 측면에서 조금이라도 폭력이 섞여 있다면 그것은 가짜 사랑이고, 어리석은 집착에 지나지 않습니다.

만약 지금까지 만났던 연애 상대들이 행복한 사람이 아니었다면 아마도 당신이 행복하지 않기 때문일지도 모릅니다. 행복한 사람이 행복한 사람을 만나게 된다는 말은 진실이니까요. 행복한 삶을 만들어가기 위한 다양한 조언들이 공통으로 강조하는 하나의 원칙이 있습니다.

"어리석은 사람은 멀리하고, 지혜로운 사람을 가까이하라."

행복한 사람을 찾아내 그 사람 곁에 머물며 행복의 비결을 배우고 실천해 보세요. 시간과 에너지를 투자한 올바른 노력은 우리를 배신하지 않습니다. 유유상종, 초록동색이라고 했습니다. 행복한 당신은 더 건강하고 멋진 연애 상대를 만나게 될 것입니다.

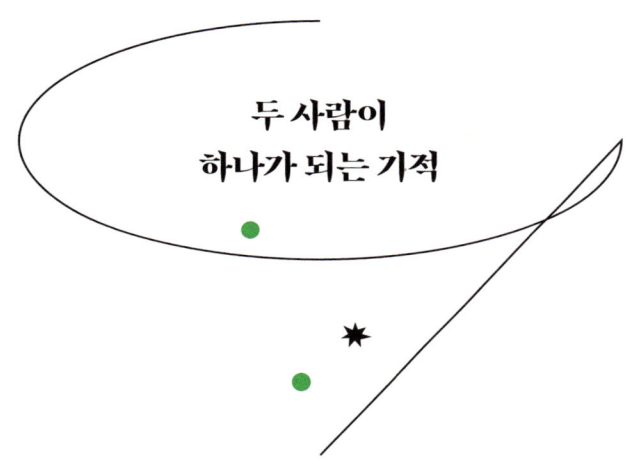

두 사람이
하나가 되는 기적

몇 해 전 라디오 프로그램을 진행할 때 패널로 출연했던 청년이 결혼 소식을 전해왔습니다. 지혜로운 결혼생활을 위한 조언을 부탁하기에 다음과 같이 정리해서 보내드렸습니다.

"결혼은 서로 다른 두 사람이 만나 평화롭게 살아가는 어려운 과정입니다. 서로가 다르다는 것을 반드시 기억하고, 싸움을 피하지 마세요. 다투더라도 서로를 존경하는 마음으로 대화를 아끼지 않는다면 평화협정이 가능할 것입니다. 부디 행복하세요!"

결혼은 서로 사랑해 떨어지고 싶지 않은 마음 때문에 함께 살기로 결정하는 것입니다. 이때 같이 살면서 겪게 될 작은 불편함 정도는 기꺼이 극복하고 노력하겠다는 용기는 필수입니다.

마음이 하나 되는 기적

18세기 프랑스의 선교사 자크루는 이렇게 말합니다.

"사랑은 두 마음이 한 몸이 되는 것이고, 우정은 두 몸이 한 마음이 되는 것이다."

연인이 서로의 육체를 허락한다는 것은 쌍방의 용기가 만나야 가능한 일입니다. 육체적 결합을 통해 사랑하는 이들의 마음은 하나가 되기 시작합니다. 서로 다른 마음이 하나로 융합할 때 사랑은 단단해집니다. 부부가 마음을 모아 필연적으로 나타나는 다툼들을 평화롭게 해결할 때, 함께 살아가는 행복을 누릴 수 있습니다.

근래 들어 주말 부부가 늘어나고 있습니다. 평일에는 일하고, 주말에만 부부로서 삶을 함께하는 관계이지요. 예전에는 이런 부부를 보면 다들 안타까워했는데, 요즘은 인식이 바뀐 것 같습니다. 오히려 '전생에 나라를 구했다'며 주말 부부를 부러워합니다.

주말 부부가 부럽다고 느낀다면, 결혼 이후의 사랑이 온전하지 못한 상태로 변했기 때문일 수 있습니다.

처음 사랑이 시작될 때 연인은 애욕에 가까운 사랑을 공유합니다. 가슴이 두근거리고 이성을 잃습니다. 하지만 결혼을 하고, 일정 시간이 흐르면 안타깝게도 애욕의 호르몬이 더 이상 나오지 않습니다. 그럼 꼭 사랑이 식은 것처럼 느껴지죠. 이럴 때 필요한 것이 새로운 사랑으로의 전환입니다.

서로 사랑하는 마음이 없다면 긴 세월 어떻게 함께 평화롭고 행복할 수 있을까요? 육체가 하나 되는 데는 오랜 시간이 걸리지 않지만, 마음이 하나 되는 것은 오래 걸릴 수도 있습니다. 독일의 작가 루 안드레아스 살로메는 이렇게 말합니다.

"가장 위대한 사랑은 우정으로부터 탄생하며, 가장 위대한 우정은 사랑으로부터 온다."

두 사람이 우정의 형태로 사랑을 나누다 이성의 사랑으로 발전합니다. 사랑이 강렬해질 때 결혼으로 새로운 관계가 만들어집니다. 하지만 애욕이 식어가는 것은 필연입니다. 이때 다시 필요한 것이 바로 우정으로써의 사랑입니다.

서로를 아끼며 상대방과 오랜 세월 함께하고, 다양한 다툼을 해결하며 시간을 보내고 나면 깊은 우정이 생겨납니다. 남남에서 애인으로, 부부로, 그리고 다시 친구로. 이런 사랑의 전환은 어찌 보면 삶의 무상함을 보여주는 과정일지도 모릅니다. 하지만 그것이 자연스러운 삶의 흐름입니다. 평생 함께할 이가 있음은 평범한 삶에서 큰 축복입니다.

남남, 애인, 부부, 친구를 막론하고 사람 사이에 필요한 것은 깊은 존경입니다. 사랑과 존경이라는 원동력이 있어야만 변화로 인한 혼란 속에서도 관계가 지속될 수 있습니다. 1+1=1이 되는 삶의 기적, 함께 누리시길 바랍니다.

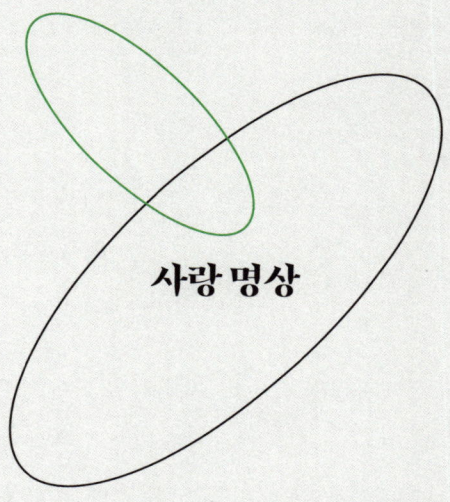

사랑 명상

기본 명상 다섯 가지가 연습이라면 응용 명상 다섯 가지는 실전입니다. 그중에서도 존중 명상과 사랑 명상은 더욱 실전에 가깝습니다. 실전인 만큼 이번 명상도 일상에서 연습을 이어나가야 합니다.

기본 명상을 통해 원하는 대상에 온하고, 원하지 않을 때 오프하는 연습을 반복했습니다. 이렇게 활성화된 주의력을 바탕으로 응용 명상에서는 의식을 확장하고, 열며, 받아들이는 상대를 존중하는 연습을 했습니다.

그럼 마음으로 받아들인 대상과는 무엇을 해야 할까요? 마음을 내어준 그 사람과 사랑을 주고받아야 합니다. 이성 간의 사랑만을 말하는 것이 아닙니다. 여기서 사랑은 사람 사이의 존경과 아끼는 마음을 가리킵니다.

명상법

이 명상에도 상대가 필요합니다. 우리가 일상에서 만나는 사람들이면 충분합니다. 만나는 모든 사람에게 적용할 수 있을 만큼 익숙해지면 매우 좋겠지만, 처음 시작할 때는 하루 한 명에게 잊지 않고 적용하는 것으로 충분합니다.

사랑 명상은 4단계로 이루어집니다. 1단계는 그 사람을 만나기 전, 2단계는 만난 직후, 3단계는 대화하는 동안, 4단계는 헤어지기 직전에 진행됩니다. 그럼 한 단계씩 설명해보겠습니다.

1단계는 '기억하기'로, 누군가를 만나기 직전에 그 사람을 어떻게 대할 것인지를 기억하는 것입니다. 사람들은 모두 존경과 아끼는 태도를 원합니다. 하지만 많은 경우 사람들은 상대방을 이렇게 대하지 않습니다. 가장 큰 이유는 기억하지 못해서입니다. 상대를 만나기 직전 이렇게 기억을 되새기며 결심해야 합니다. '저 사람도 사랑받기를 원하는 사람이다.'

2단계는 '인사하기'로, 사랑하기로 결심한 그 사람에게 먼저 다가가 예의를 갖춰 인사하는 것입니다. 사랑하기로 결정했는데 상대방이 먼저 인사해 오기를 기다리거나 인사하지 않고 무시하는 것은 올바른 행동이 아니겠지요?

3단계는 '찬탄하기'입니다. 상대의 존경할 만한 훌륭한 점을 찾아 대화하면서 칭찬하는 것입니다. 마음으로 아무리 존경해도 말하지 않으면 모릅니다. 그러니 그의 훌륭한 점을 감탄하며, 칭찬하는 것을 꼭 실행하세요.

4단계는 '축복하기'로, 헤어지기 전 상대의 몸과 마음의 건강 그리고 행복을 기원하는 말을 건네는 것입니다.

누군가 내게 다가와 예의 바르게 웃으며 인사하고, 칭찬도 해주고, 헤어질 때 행복을 축복해주기까지 한다면 그 사람을 좋아할 수밖에 없을 것입니다.

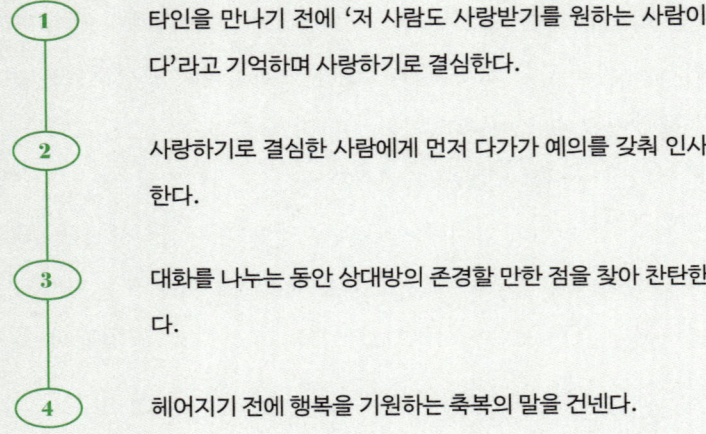

1 타인을 만나기 전에 '저 사람도 사랑받기를 원하는 사람이다'라고 기억하며 사랑하기로 결심한다.

2 사랑하기로 결심한 사람에게 먼저 다가가 예의를 갖춰 인사한다.

3 대화를 나누는 동안 상대방의 존경할 만한 점을 찾아 찬탄한다.

4 헤어지기 전에 행복을 기원하는 축복의 말을 건넨다.

명상 플러스

우리는 매일 누군가와 만나고 대화합니다. 이를 기회로 삼아 사랑 명상을 매일 반복해 실천하세요. 실천이 반복될수록 인간관계가 개선되는 마법을 경험할 수 있습니다.

사람들은 명상이라고 하면 흔히 방에서 다리를 꼬고, 눈을 감고 앉아 있는 것을 상상합니다. 하지만 붓다는 행주좌와 行住坐臥, 언제 어디서든 주의력을 활용해 깨어있음을 연습하도록 명상을 가르쳤습니다. 앉아서 하는 명상도 물론 중요하지만, 그 못지않게 중요한 것이 바로 일상에서의 깨어있음을 활용한 관찰입니다.

실전에 해당되는 응용 명상들은 일상적인 상황에서 우리가 어떻게 깨어있을 수 있고, 어떤 주제로 나와 내 삶을 관찰할 수 있는지를 알아가도록 돕습니다. 단순히 '이런 주제로 관찰해보세요'라고 말할 수도 있지만, 일상에서의 깨어있음이 익숙하지 않은 분들을 위해 형식을 갖춘 프로그램으로 제시했습니다.

사랑 명상은 네 번의 단계마다 키워드만 잘 기억하고 있으면 실천이 어렵지 않습니다. 물론 실천하기 싫다거나 부끄러움이 몰려오는 등 마음의 저항이 생길 수 있습니다. 그럴 때마다 그런 마음에서 주의력을 오프하고 다시 상대방에게 주의력을 온한 후, 다음 단계로 실천을 이어가세요.

존경하기로 기억하고, 인사하며, 칭찬하고, 축복하는 과정을 무사히 연습해낼 때, 상대방은 당신을 '괜찮은 사람'으로 인식합니다. 힘내서 꼭 실천해 보세요.

어른의
마음으로
살다

존경받는 사람들이 있습니다.
착하기 때문에 그냥저냥 인정해 주는 것이 아니라
가까운 친구, 가족, 동료가
진심으로 탄복하는 사람들입니다.

세상에서 자신과 가장 가까운 사람은 누구일까요?
바로 자신입니다.

자신에게 물어 한 점 부끄러움 없는 삶은 참 어렵습니다.

다른 사람 앞에서는 가면을 쓸 수 있지만,
스스로를 속일 수 없기 때문입니다.
다른 사람에게 인정받는 것은 쉽습니다.
스스로에게 당당한 것이 가장 어렵지요.

자신에게 인정받을 때
우리 눈빛에는 힘이 생깁니다.

누구를 만나든, 어떤 상황에서든,
두려움 없이 눈앞의 일들을 직시하는 힘이 생깁니다.

남의 눈치는 그만 보고
치열하게 자신을 사랑하세요.
나를 설득할 수 있다면
세상 모두를 설득할 힘이 생깁니다.

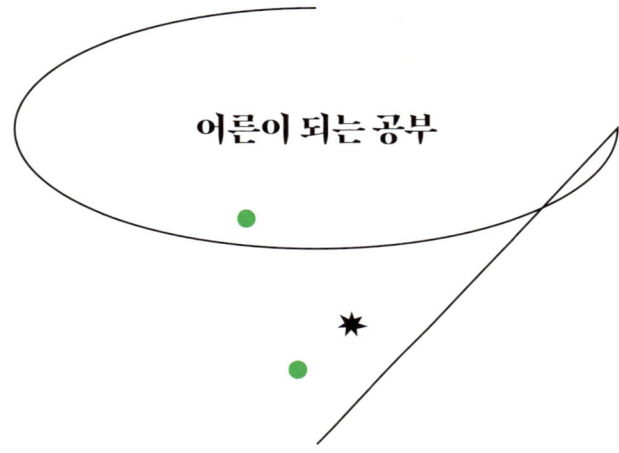

어른이 되는 공부

성인成人은 사람을 이뤘다는 뜻입니다. 즉, '사람 됐다'는 거지요. 아이는 어른으로 자라나기 위해 두 가지 직립보행을 해내야 합니다.

첫 번째 도전은 육체의 직립보행입니다. 갓난아기는 몸을 뒤집고, 기어 다니다, 몸의 근육이 자라면 땅을 딛고 직립을 시도합니다. 아이는 숱하게 넘어집니다. 어린아이가 직립보행에 성공하기까지는 수천 번 넘어져야 합니다. 우리 모두 무수한 실패를 딛고 지금 두 다리로 선 것입니다.

아이의 육체가 스스로 서기 위해서는 잘 먹고, 잘 놀고, 잘 자는 세 가지 요소가 필수적입니다. 이 균형이 맞을 때 육체가 건강해집니다. 이 나라의 아이들은 다행히 좋은 조건에서 육체적 성장을 해왔습니다. 하지만 정신의 성장이 육체의 성장 속도를 따라가지 못합니다. 육체와 정신의 괴리는 어른아이가 보여줄 수 있는 다양한 문제들을 불러옵니다. 이를 해결하기 위해 정신을 성장시키려면 세 가지가 필요한데 이것 역시 먹고, 놀고, 자는 것입니다.

'정신의 먹이'는 오직 사랑입니다. 사랑받지 못해 애정결핍 상태로 자라난 어른들은 어른아이가 됩니다. '정신의 놀이'는 온전한 성인들의 사유를 가지고 노는 것입니다. 존경할 만한 어른이나 선배와의 대화도 좋습니다. 인문철학, 종교, 과학 등 인류의 문화유산을 읽고, 배워도 좋습니다. 이런 사유 놀이는 정신의 다리를 튼튼하게 만듭니다. '정신의 잠'은 명상을 통한 휴식입니다. 육체가 끝없이 움직일 수 없듯 정신의 힘도 고갈됩니다. 명상은 끝없이 움직이는 생각을 줄이거나, 멈추게 하여 정신의 힘을 회복시켜 줍니다.

정신이 어른으로 자라나기 위해서는 사랑받고, 사유하고, 명상해야 합니다. 세 가지 공부가 균형 있게 이루어질 때 정신이 건강하게 자라나 직립보행하기에 이릅니다.

어른의 의미

어른이 되는 공부를 충분히 이어나가지 못했다면 아마도 정신의 직립보행이 어려울 것입니다. 육체가 어른으로 자라나도, 정신은 온전히 어른이 되지 못한 어른아이가 됩니다.

큰 절망을 접하면 자신의 세상이 무너지는 느낌을 받습니다. 높은 저 위에 있어야 할 하늘이 나를 깔아뭉개는 듯한 무게감에 견디기 힘든 상황이지요. 예전 어른들은 이런 상황에서도 발버둥 칠 힘이 있었습니다. 한반도 전체가 무너져 내렸을 때도, 그때의 어른들은 기적을 이뤄냈습니다. 이것이 가능했던 것은 그들에게 무너진 하늘을 받치고 일어설 튼튼한 정신의 다리가 있었기 때문입니다.

현시대를 주도하는 새로운 세대는 과잉보호 아래 자라났습니다. 한국에 나타난 첫 번째 어른아이들이지요. 어른아이들은 절망적 상황에서 자신의 세상을 복구하기 위해 발버둥 칠 정신의 다리가 빈약합니다. 하늘을 받칠 힘이 부족한 그들은 하늘이 무너지는 것 같다는 말을 건너뛰고, 곧바로 죽고 싶다는 표현을 쓰는 것 같습니다. 절망을 극복할 힘이 없는 그들은 다른 선택이 없다고 여깁니다.

정신의 직립보행을 위해 어른이 되는 공부는 반드시 필요합니다. 정신의 다리가 튼튼해야 살아가다 마주치는 절망적 상황

속에서 치열하게 발버둥 치고, 그 힘으로 무너진 세상을 다시 일으켜 세울 수 있습니다.

어른과 아이의 차이는 삶의 책임 여부에 있습니다. 아이에게는 삶의 책임을 부모에게 떠넘길 권리가 있지만, 어른은 그럴 수 없습니다. 어른이 되면 자유를 누릴 권한과 더불어, 자신의 삶을 온전하게 살아낼 의무를 지니게 됩니다. 어른들까지 삶의 책임을 세상에 미룬다면 어른 없는 한국은 대체 어디로 나아가야 할까요? 어른이 되기 위해 발버둥 치는 모습이 요즘 젊은이들이 보기엔 쿨하지가 못합니다. 그들이 말하는 쿨함은 어쩌면 자기 삶을 회피하거나 자신을 숨기기 위한 허세로 보이기 때문이지요.

책임감을 다하기 위한 치열한 발버둥은 숭고합니다. 책임감은 어른의 마음을 튼튼하게 만드는 최소한의 기반이며 아름답고 멋진 모습으로 우리 삶을 완성시켜 나가기 위한 필수 조건입니다.

모두가 어른이 되기 위한 정신의 직립보행을 이뤄내기를 기원합니다.

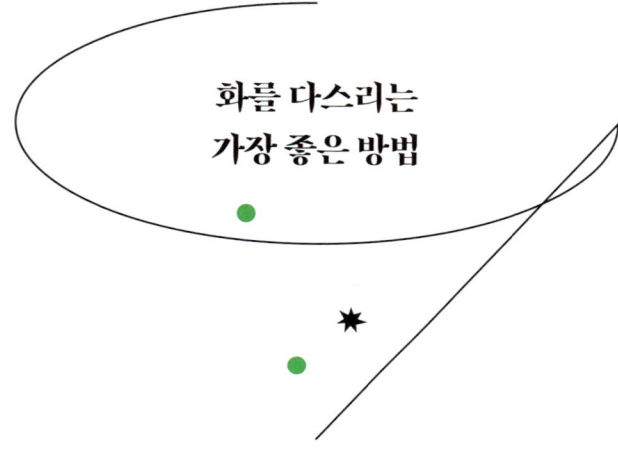

화를 다스리는
가장 좋은 방법

화가 난다고 큰소리쳐보지만, 진실은 내가 참지 못했기 때문입니다. 화를 내기보다는 '내가 또 어리석게 참지 못하고 화를 내는구나!' 인정하고 웃고 넘기면 그만인데 말입니다.

세상에서 제일가는 미인과 결혼한 남자가 있었습니다. 사람의 마음이란 요상해서, 세상에서 가장 아름다운 얼굴도 계속 보다 보니 코의 아주 작은 부분이 못생겨 보이는 것입니다. 남편은 최고의 미인을 아내로 두고도 때때로 그녀의 코를 바라보며 화를 냈습니다.

'못생긴 코 때문에 짜증이 나는구나.'

그의 화는 네 코 탓일까요, 내 마음 탓일까요?

분노조절장애라는 말이 최근 유명해졌습니다. 화를 조절하지 못하고 남에게 피해를 끼치는 행동을 하는 병입니다. 인터넷 상에 자신이 분노조절장애인지를 테스트해 보는 다양한 질문지가 돌아다니는데, 대부분 공통으로 던지는 질문이 있습니다.

'화가 날 때면 대부분 남 탓을 하는가?'

작은 냄비는 자주 열린다

남 탓을 하는 사람은 자신이 분노한 원인이 바깥에 있다고 믿습니다. 그놈 때문에 화가 났으니 거기 대고 화를 내는 것이 어찌 보면 당연하겠지요. 그런데 화가 나는 이유를 살펴보면, 상대방이 제공한 원인에 앞서 이미 화를 낼 준비가 된 상태였던 경우가 많습니다.

화가 나는 상황을 '뚜껑이 열린다'고 표현하지요. 불 위에서 끓는 냄비가 넘쳐흘러 뚜껑이 열리는 상황에 비유한 말입니다. 뚜껑이 쉽게 열린다는 것은 화력이 세거나, 냄비가 작을 때입니다.

분노의 이유를 남 탓으로 돌리는 것은 화력이 지나치게 세다고 말입니다. 반대로 자신의 내공이 부족하다고 말하는 것은 자신의 냄비가 작음을 인정하는 것입니다. 시시때때로 나를 달구는 불, 나를 화나게 하는 사람들을 바꿀 방법은 없습니다. 그렇기에 화로부터 자유로워지기 위해서는 냄비의 크기를 키워야 합니다.

아름다운 아내의 코가 못마땅했던 남자는 어떻게 되었을까요? 그는 결국 아내에게 화를 냈습니다.

"당신의 못생긴 코를 볼 때마다 내가 얼마나 열 받는지 알아?"

남자는 어느 날 마음에 꼭 드는 코를 가진 여인을 발견했습니다. 여인의 코가 너무나도 탐난 나머지, 남자는 코를 잘라서 빼앗았습니다. 그리고 자기 아내의 코를 잘라내고 새 코를 붙이려 들었지요. 분노와 어리석음에 사로잡힌 남자의 노력은 자신을 포함한 여러 사람의 인생을 파탄 냈을 뿐 아니라 아무것도 나아지게 하지 못했습니다.

남자는 자신의 화가 아내의 코 탓이라고 믿었습니다. 그는 범죄자가 된 후에도 계속해서 남 탓을 했습니다. 이 모든 불행은 아내의 코가 못생겨서 생긴 일이라고 말입니다.

이런 몰상식한 상황을 발생시키는 것이 분노조절장애입니다. 그 속에는 자신의 분노를 남 탓으로 돌리는 어리석은 태도가 자리 잡고 있습니다. 사실 아내의 코는 충분히 아름다웠습니다. 못생긴 코는 남자가 분노의 원인을 아내 탓으로 돌리기 위해 만들어낸 환상일 뿐이었지요. 환상에 집착한 남자는 불행해졌습니다.

남 탓에서 내 탓으로

자주 화를 낸다면 원인은 내게 있습니다. 우리는 짜증과 분노가 일어나는 순간 스스로를 살펴봐야 합니다. 기어코 뚜껑이 열리고 마는 자신의 문제점을 솔직하게 짚어봐야 합니다.

자신도 모르게 화가 치밀어오를 때 남 탓을 하기에 앞서 내 작은 그릇의 비루함을 인정해 보세요. '아이구, 또 이것도 못 견디고 뚜껑이 열리는구나!'라고 한마디 해주고 웃어버리면 훨씬 쉽게 화를 다스릴 수 있습니다.

내 탓임을 기억해 화를 다스리는 것이 사후조치라면, 화를 사전에 예방하는 방법도 존재합니다. 깨어있음을 유지하는 것입니다. 깨어있음이 강렬해지면 몸과 마음을 관찰하여 불이 붙기 전에 끌 수 있습니다. 내 탓이고 남 탓이고 할 일이 아예 생기지 않습니다.

틱낫한 스님은 《화》에서 이런 표현을 하셨습니다.

'화가 풀리면 인생이 풀린다.'

남 탓 그만하고, 이제 내면의 깊은 화를 풀어내야 할 때입니다.

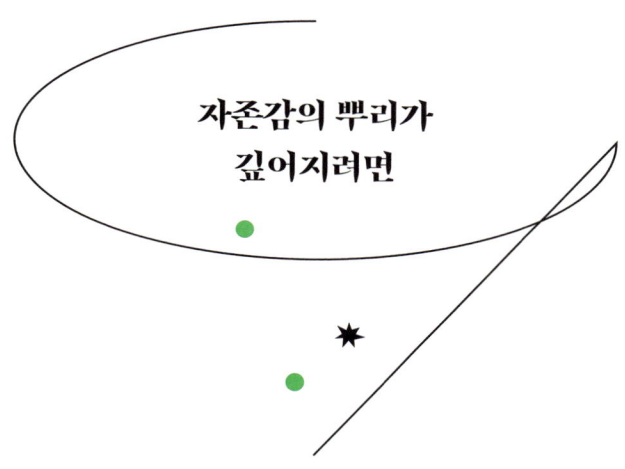

자존감의 뿌리가
깊어지려면

뿌리 깊은 나무는 폭풍에도 쓰러지지 않습니다. 반대의 경우는 미풍에도 쉽게 쓰러집니다. 세상은 끝없이 우리를 뒤흔드는 바람을 보내옵니다. 붓다는 이를 팔풍八風이라 했습니다. 이것은 이익과 손해, 명예와 불명예, 칭찬과 비난, 행복과 불행의 바람이지요. 평상시에는 산들바람처럼 우리를 간지럽히는 정도지만, 때때로 폭풍이 되어 우리 삶을 뿌리째 뽑아버릴 기세로 달려듭니다.

어른은 자신의 뿌리가 뽑히고, 하늘이 무너지는 것 같을 때

딛고 일어날 힘을 가져야 합니다. 그에 앞서 강한 바람을 만났을 때 버티게 해줄 튼튼한 뿌리가 있다면 금상첨화겠지요. 휘둘리지 않는 자존감이 바로 뿌리가 됩니다.

자기 효능감, 자기 조절감, 자기 안정감

《자존감 수업》에 의하면, 자존감은 자기 효능감, 자기 조절감, 자기 안전감이라는 세 가지 뼈대로 구성된다고 합니다. 뼈대가 튼튼한 건물은 지진에도 버틸 수 있습니다.

자기 효능감이란 자신이 세상에 쓸모 있는 사람이라고 느끼는 것입니다. 조건부 사랑을 받는 것이 익숙한 우리에게 이 효능감은 큰 영향을 미치지요. 이를 위해 우리는 다양한 조건 전쟁에 평생 몰두합니다. 돈, 명예, 인간관계, 성공, 학식 등 쓸모 있는 사람으로 보이기 위해 노력합니다. 이런 노력을 통해 실력이 쌓여간다는 점은 물론 긍정적입니다. 하지만 여기에 너무 몰두하면 언젠가는 반드시 직면하게 될 '내가 쓸모없어지는 상황'에서 무너지기 쉽습니다. 그러므로 다른 뼈대도 골고루 튼튼하게 만들 필요가 있지요.

자기 안전감은 생존 본능과 맞닿아 있습니다. 인간이 숲에서 살아갈 때는 다양한 포식자들을 피해 생존하기 위해 항상 긴장해야만 했습니다. 하지만 현대 사회에서는 이런 생존의 위협이 적어졌지요. 대신 자기 안정감을 낮게 만드는 쓸데없는 생각들이 많아졌습니다.

일명 '걱정병'에 걸린 사람들이 환상에 사로잡혀 불안감을 조장합니다. 자기 생각에 사로잡혀 자기 안전감을 스스로 깎아 먹습니다. 이럴 때 정말 필요한 것이 자기 조절감입니다. 자기 조절감은 하고 싶은 대로 할 자유이고, 나를 뜻대로 할 수 있는 힘입니다. 진정한 의미의 자기 조절이 되기 시작할 때 우리는 자신의 효능을 높이기 위한 조건들에 집착할 이유가 없습니다. 자기 안전감을 깎아 먹는 '걱정병'에서도 자유로워질 수 있습니다. 자존감이라는 뿌리가 깊어지기 위해서는 바로 이 자기 조절의 힘을 키워야 합니다.

나만의 공간에서 마음을 들여다볼 것

삶의 중심이 잡히고, 자존감의 뿌리가 깊어지는 데 필요한 영양분은 자신과의 대화입니다. 타인의 말에 흔들린다는 것은 스스로의 뿌리가 깊지 못하다는 방증입니다. 이럴 때 남과의 입씨름은 부질없습니다. 나만의 심리적 공간에서 오롯하게 홀로 마음을 들여다보는 시간이 필요하지요. 지피지기가 백전백승의 필수이듯 나를 알아야 나를 조절하고, 남을 설득할 수 있습니다.

사람의 마음을 들여다보기 가장 쉬운 신체기관은 눈이라고 합니다. 마음의 힘이 눈빛으로 드러나기 때문이죠. 눈빛이 당당한 사람은 대개 자신을 설득해 낸 경험으로 자기 확신을 가지고 있는 이들입니다.

세상의 모든 대지가 쇠가시로 변했다고 합시다. 앉으나 서나 항상 쇠가시에 찔리는 고통에 휩싸였을 때, 우리는 고통에서 벗어나기 위해 가장 먼저 무엇을 해야 할까요? 내가 홀로 편안히 머물 수 있는 최소한의 공간을 만들어내야 합니다. 모든 쇠가시를 잘라낼 수는 없습니다. 나의 안전을 확보할 최소한의 공간이 필요하듯이, 나를 설득하는 최소한의 노력과 시간 또한 필요합니다.

나만의 공간에서 나를 설득하는 대화를 자주, 깊이 있게 할 때 마음의 중심에 내린 뿌리들이 두텁고 깊어집니다. 이 지난한 과정을 거쳐 스스로를 완전히 설득해내면 폭풍이 휘몰아칠 때 내 한 몸 지탱하는 것뿐 아니라, 머무는 산이 무너지지 않도록 흙들을 붙잡아줄 수 있습니다. 그만큼 단단한 힘이 생겨납니다.

어른이 되어 두 발로 일어섰다면 이제는 깊게 자존의 뿌리를 내려야 할 때입니다.

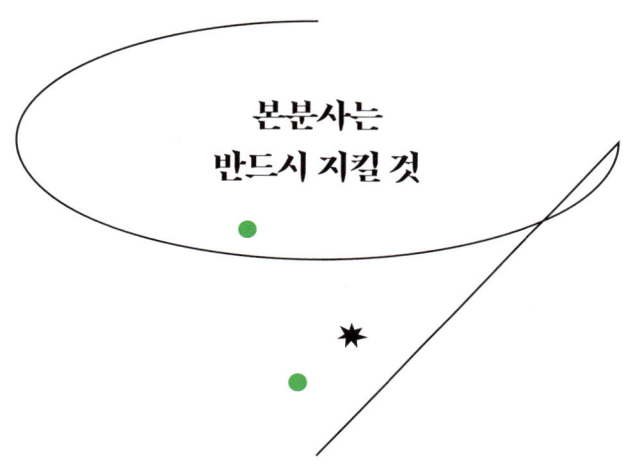

본분사는
반드시 지킬 것

살다 보면 우리는 양자택일의 순간에 자주 직면합니다. 짜장면이냐 짬뽕이냐부터 진로, 연애, 분쟁, 계약 등 엄청나게 다양한 상황과 종류의 선택이 우리를 기다립니다. 아무리 지혜로운 사람이라도 모든 순간에 최고의 선택을 할 수는 없습니다. 공자도 양자택일의 순간 잘못된 선택을 하는 바람에 오랜 세월 전국을 떠도는 신세가 되었다고 하지요. 공자가 이러하니, 범부인 우리는 정도가 더할 수밖에 없습니다.

최선은 지금 이 순간 주어진 여러 조건들을 고려해, 자신의

판단 하에 가장 합당한 선택을 하는 것입니다. 이 최선이 내게
는 손해일지라도 구더기가 무서워 장을 안 담글 수는 없는 노릇
입니다. 직면한 선택이 불러온 문제들을 자신의 힘으로 해결하
기 위해 최선을 다하는 것, 스스로 책임지는 것이 자립에 성공
한 멋진 어른의 태도입니다.

선택과 후회

인간이 과거를 회상할 때 그 내용의 대부분은 후회라고 합니
다. 인간은 후회를 통해 얻은 지혜로 현재를 더 멋지게 살아갈
수 있습니다. 반면 너무 지나치면 후회에 빠지게 됩니다. 헤어
나지 못하고 과거의 망령에 사로잡히는 순간, 과거는 현재를 집
어삼키게 되지요.

세상에는 두 가지 후회가 있다고 합니다. 시간이 지날수록
더 깊어지는 후회와 시간이 지날수록 잊히는 후회입니다. 전자
의 후회는 끔찍합니다. 점점 더 나를 옥죄는 후회이지요. 전자
의 후회는 '해보지 못한 것에 대한 후회'라고 합니다. 후자는 '해
본 것에 대한 후회'입니다.

세상을 살아가며 삶이 우리에게 선택을 강요할 때마다 최선
을 다해 당당하게 선택해야 하는 이유가 여기 있습니다. 최선을

다해 스스로 선택한 것에 대한 후회는 잊히기 때문입니다. 만약 누군가의 결정에 억지로 따라야 한다면, 그것이 좋은 결과를 불러오더라도 더 큰 후회로 다가오는 경우가 비일비재합니다.

가치 있는 선택, 본분사

세상 사람들은 각자 삶의 방향성을 품고 나아갑니다. 그 길 끝에는 자신만의 목표와 꿈이 있겠지요. 이를 본분사本分事라고 합니다. 학생의 본분사는 공부입니다. 그렇기에 학생은 다른 것은 다 양보해도 공부에는 고집을 피워야 합니다. 출가자의 본분사는 수행입니다. 그러니 수행에는 욕심을 부릴 필요가 있습니다. 사람들이 자신의 자리에서 본분사를 명확하게 바라보고 그것에 충실하며, 본분사에 욕심과 고집을 부릴 때, 이 사회는 상식이 통하는 멋진 사회가 됩니다.

분쟁지역에 의료봉사를 떠난 의사가 있습니다. 가장 위험한 지역에서 위독한 환자들을 위해 봉사하던 그는 적군 환자를 끌고 가려는 군인들로부터 목숨을 위협당하면서도 자신의 본분사를 절대 포기하지 않습니다. 분쟁의 한가운데서 의사는 이렇게 말합니다.

"이곳은 오직 의사의 땅입니다."

다른 것들은 양보하거나 합의할 수 있어도, 의사의 본분사인 생명을 살리는 일만큼은 목숨을 걸고 지킨 것입니다. 의사가 환자의 생명을 포기하지 않는다는 것은 어찌 보면 상식이기도 하지요.

입장이 다른 상대방의 의견을 무조건적으로 배척하거나 무시하는 것은 하책입니다. 상대의 입장을 존중하며 평화롭게 합의를 이끌어낼 수 있다면 그것이 상책이겠지요. 이를 위해 본분사 외의 것들은 포기할 줄도 알아야 합니다. 하지만 자신의 본분사에 있어서만큼은 타협이 불가능합니다. 내 목숨줄인 듯 움켜쥐고 간절하게 지키세요.

어쩔 수 없는 양자택일의 순간들이 다가올 때 스스로 할 수 있는 최선의 판단을 하는 것, 만약 그 선택이 본분사와 관련되었다면 목숨을 걸고서라도 지키는 것, 이후의 상황과 후회에 대해서 피하지 않고 책임지는 것이 멋진 어른의 길입니다.

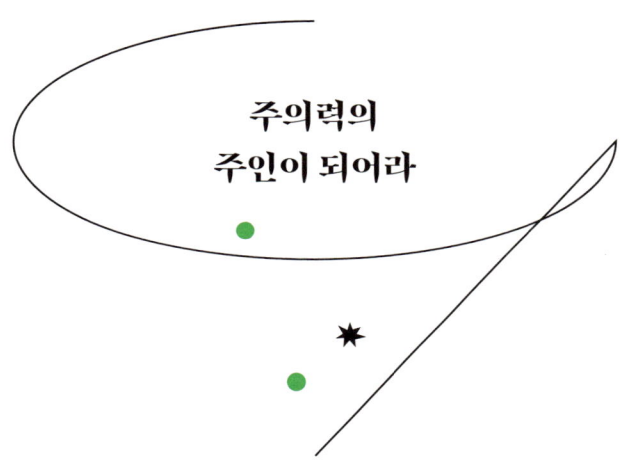

주의력의
주인이 되어라

경상남도 산청에 자리한 절에 놀러 갔다가 갑자기 법문을 하게 되었습니다. 법문 끝자락에 한 중년 남성이 손을 들고 더듬더듬 이런 질문을 던졌습니다.

"스님, 사랑을 주고받아야 한다는 것은 잘 알겠습니다. 하지만 전 선천적으로 말을 더듬어서 사람들과 함께 있는 것이 불편합니다. 혼자 지내는 게 훨씬 더 편안한데, 가끔은 너무 외롭습니다. 이런 저는 사람들과 함께 지내야 할까요, 아니면 혼자서 지내는 편이 나을까요?"

특별한 콤플렉스를 가진 분들은 사람들과 어울리기를 어려워합니다. 이런 경우 정답은 무엇일까요?

정답은 없다

정답正答이란 환상입니다. 정답은 하나가 아니기 때문입니다. 끊임없이 변하는 세상에서 하나의 답이 올바르다는 것은 정말 유치한 생각입니다. 엄청난 속도로 쏟아지는 나이아가라 폭포의 물 한 방울을 정답이라고 붙잡는 것은, 매력적인 고행일지 모르나 지혜롭지는 않습니다.

하지만 사람들이 정답을 찾고자 노력하는 사이 정답定答을 만들어낸 것 같습니다. 이것은 옳다기보다는 옳다는 판단 아래 사람들이 합의한 답입니다. 최선이 불가능하므로 차선을 만들어놓은 것이죠. 개념槪念, 정의定意 등은 이러한 차선을 위한 노력의 결과물입니다.

콤플렉스 때문에 다른 사람과 어울리기 힘들다는 것은 충분히 이해 가능한 일입니다. 홀로 지내는 편이 낫다는 답을 설정할 수도 있습니다. 하지만 정해진 답이 올바른 답은 아닙니다. 평균적인 마음의 평화를 지킬 수 있는 차선은 되겠으나, 변함없는 진리는 아닙니다.

노자는 도덕경에서 '도가도비상도道可道非常道'라는 유명한 말을 남겼습니다. 정답正答이어야 하는 무한한 도道가 정해진 틀인 정답定答이라는 언어 안에 갇힐 때 나타나는 현상을 보여주는 말입니다.

예전 개그 프로그램에 나온 유명한 문장이 있습니다.

"그때그때 달라요!"

저는 그 장면에서 예리한 진리를 목격했습니다. 정말 정답正答은 그때그때 다르거든요. 혼자이고 싶을 때는 혼자 있는 것을 선택하면 되고, 함께이고 싶을 때는 함께 있는 것을 선택하면 됩니다. 또한 혼자 있고 싶은데 함께 있어야 하는 상황이라면 마음을 돌려 함께 있는 것을 선택하면 됩니다. 어떻습니까?

조율의 힘

주의력의 주인이 되면 이러한 선택이 점점 더 쉬워집니다. 깨어있음을 유지할 때 우리는 주어진 상황에 맞는 임시적 옳음을 구분하는 눈을 가집니다. 지혜로운 선택은 현재의 상황에서 자신의 몸과 마음이 깨어있을 때 가능합니다.

자신의 감정 상태를 잘 살펴보고 그에 걸맞은 선택을 해야 합니다. 사람들은 이것이 어려워 선택을 전문가에게 떠넘깁니다. 정해진 답을 달달달 외워 올바른 선택을 할 수 있다고 착각하지요. 하지만 이것은 완전한 착각이고 자기기만입니다. 권리를 타인에게 이양하는 노예의 마음이지요. 자기 삶의 경험은 스스로 경영해야만 합니다. 그것이 어른입니다.

감정과 생각, 관계와 상황은 끝없이 변합니다. 그 속에서 적절한 타이밍에 최선의 선택을 해내는 것은 행복을 위한 매우 중요한 능력입니다. 또한 자신의 선택에 책임져야 하는 어른이라면 당연히 지녀야 할 힘이기도 합니다.

자신이 지닌 것들을 찾아낸 자는 결코 남의 것을 기웃거리지 않습니다. 당신이 삶의 창조주입니다. 하루를, 한 달을, 1년을, 평생을 스스로 조율하고 경영하며 디자인하는 창조주의 삶을 부디 버리지 마세요. 당신이 창조한 삶이 주는 최고의 선물을 누리세요.

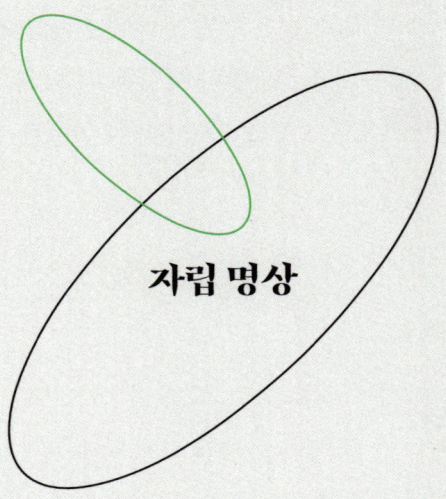

자립 명상

기본 명상을 통해 주의력을 훈련하고, 응용 명상을 통해 마음을 확장하고 열어 사랑을 나누는 방법을 배웠습니다. 이제 필요한 것은 마음에 들어온 다양한 관계들 속에서 중심을 잡는 자립의 힘입니다.

일상에서 마주치는 이들을 존경하며 다양한 관계를 맺다 보면 줏대 없이 흔들리게 되는 경우가 있습니다. 남들의 의견을 무시한다면 방어가 가능하겠지만, 존경하기로 한 만큼 흔들림은 더 강렬하게 다가옵니다.

하지만 그 모든 것들은 결국 말에 지나지 않습니다. 그것이 나는 아닙니다. 누가 뭐라 하든 상관없이 나는 나입니다. 있는 그대로 존귀한 나, 그대로 사랑받아 마땅한 나입니다. 이렇게 생각하는 것은 어른으로서 중심이 서 있을 때 가능한 일이겠지요.

명상법

이 명상을 위해서는 사람, 종이, 펜이 필요합니다. 먼저 일상에서 만나는 이들 중 몇 명을 선택해 나에 대해 조사합니다. 간단하게 내 장점과 단점에 대해 묻는 것입니다. 한 사람에게서 한 가지씩 받아도 좋고, 다섯 가지씩 받아도 좋습니다. 그 내용들을 추려서 나의 장단점을 각각 다섯 가지 추려 적습니다.
이제 홀로 조용히 종이에 정리된 자신의 장단점을 바라봅니다. 우리는 본능적으로 누군가가 말해준 자신의 장점을 볼 때 어깨가 으쓱해집니다. 자연스러운 반응이지만 한쪽 면만 바라보는 것이 고착되면 자만하기 쉽습니다. 반대로 누군가가 말해준 단점을 볼 때는 반감이 생깁니다. 이것 역시 자연스러운 반응이지만 그저 말에 불과한 단점을 진실이라 믿는 순간 자존감은 낮아집니다.
종이에 쓰인 장단점은 특징일 뿐입니다. 장점이라는 의견, 단점이라는 관점은 특징 위에 덧씌워진 내용일 뿐입니다. 그렇기에 장점도, 단점도 아닌 그저 특징으로 보아야 감정에 휘둘리지 않고 있는 그대로의 나를 바라볼 수 있습니다.

이제 장점이라는 특징 다섯 가지와 단점이라는 특징 다섯 가지의 반대 측면을 보도록 하겠습니다. 장점이라는 특징이 어떤 단점으로 변할 수 있는지를 적어봅니다. 반대로 단점이라는 특징 역시 바라보기에 따라 장점으로 볼 수 있습니다. 다른 관점에서 바라보고, 그 특징에 덧씌워진 말을 바꿔보는 것입니다.

처음 시도할 때는 조금 어려울 수 있기에 예를 몇 가지 들어보겠습니다. "말을 잘한다"는 장점은 어떤 단점으로 바뀔 수 있을까요? "마음에도 없는 말을 한다" 정도 되지 않을까요? 그럼 "술을 많이 마신다"는 단점은 어떤 장점이 될까요? "사교성이 좋다"가 되지 않을까요?

이렇게 특징 열 가지의 장단점 양면을 동시에 바라보면, 본능적으로 알게 되는 사실들이 있습니다. 타인의 장단점에 대한 의견은 그저 치우친 견해에 지나지 않는다는 것을요. 이것을 알아야 우리는 이 말들에 휘둘리지 않고 내 특징을 있는 그대로 바라보며 중심을 잡을 수 있습니다.

자신의 특징을 스스로 잘 파악하지 못하면 타인의 의견에 이리저리 휘둘립니다. 그럼 이 혼란이 싫어서 결국 다른 사람들의 말에 방어적으로 변하게 되지요. 이래서는 자립이 불가능합니다.

자립을 위해서는 스스로의 몸과 마음의 특징을 잘 관찰해 이해하고, 자신을 둘러싼 말에 휘둘리지 않는 지혜가 필요합니다.

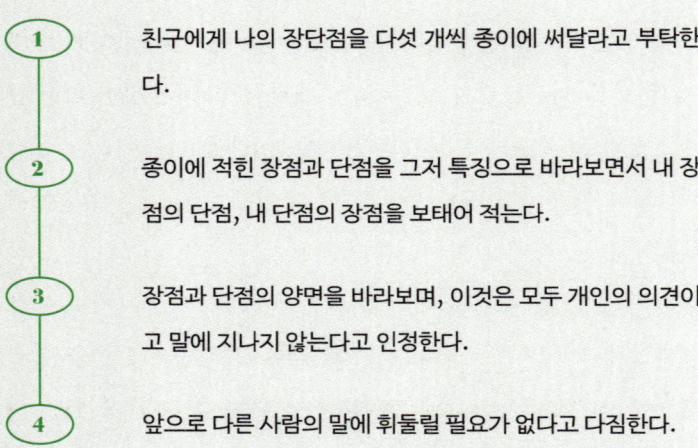

1 친구에게 나의 장단점을 다섯 개씩 종이에 써달라고 부탁한다.

2 종이에 적힌 장점과 단점을 그저 특징으로 바라보면서 내 장점의 단점, 내 단점의 장점을 보태어 적는다.

3 장점과 단점의 양면을 바라보며, 이것은 모두 개인의 의견이고 말에 지나지 않는다고 인정한다.

4 앞으로 다른 사람의 말에 휘둘릴 필요가 없다고 다짐한다.

명상 플러스

자립 명상은 타인의 도움을 필요로 하고, 명상 과정에도 난이도가 있습니다. 관계 속 소통과 스스로의 사유를 적극적으로 활용하는 프로그램이지요. 주변의 말에 자꾸 휘둘리는 자신을 발견할 때마다 자립 명상을 활용하여 자신의 특징을 재발견하는 시간을 가지면 좋습니다.

《육조단경》에 이런 일화가 있습니다. 스님 둘이 흔들리는 깃발을 바라보며 논쟁하고 있었습니다. 한 스님은 깃발이 움직이는 것이라고 말했고, 다른 스님은 바람이 움직이는 것이라고 말했습니다. 혜능대사는 두 스님의 논쟁을 이 답변으로 종결시켰습니다.

"깃발도 바람도 아닌 너희 마음이 흔들리는 것이다."

세상이 내뱉는 말들에 속아 우리의 중심이 흔들리면 여러 가지 어리석음을 범하게 됩니다. 붓다는 이익과 불이익, 명예와 불명예, 칭찬과 비난, 행복과 불행의 팔풍八風에 흔들리지 말고 중심잡을 것을 강조했습니다.

어른스러워진다는 것은 심지가 굳건해져 이러한 바람에 점점 흔들리지 않게 된다는 것이겠지요. 장점과 단점을 뒤집어보는 것, 이를 통해 장단점이 아닌 특징을 보는 연습을 해나가 어른으로 한 발짝 더 다가가기를 바랍니다.

PART 4.
행복이
내게로 왔다

Turning Mind

노력의 방향을,
모자란 것을 채움이 아니라
이미 가진 것에 대한 확신을
늘리는 쪽으로 바꾸어나갈 때

우리는 지금 여기서 행복해질 수 있습니다.
행복의 여정이란 이미 가진 존귀함을 확신하는 과정입니다.
부족하다는 고집을 던져버리고 지금 그냥 행복해지세요.

허덕이는 삶이 아닌 즐기는 삶을 위해
스스로에 대한 확신을 가지세요.
바로 지금부터 말입니다.

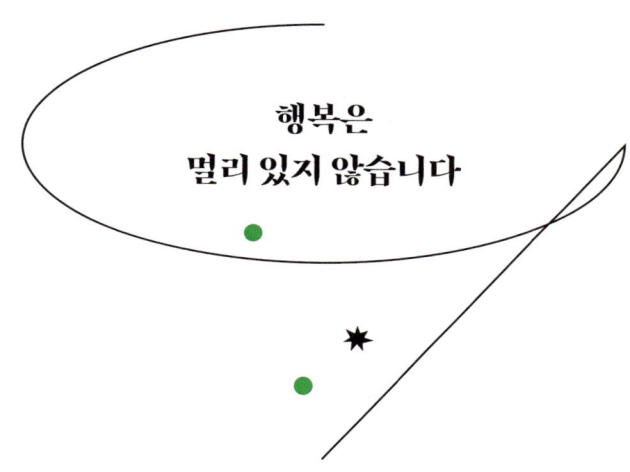

행복은
멀리 있지 않습니다

《법구경》에 나오는 일화로, 한 청년이 스님이 되었습니다. 삼촌이 스님이 되어 깨달음을 얻었다는 소문을 듣고, 자신도 삼촌처럼 행복해지기 위해 큰 마음을 먹고 출가한 것이죠. 삼촌의 제자가 되어 전에 느끼지 못했던 큰 행복을 느끼며 하루하루를 살았습니다. 어느 날 제자는 신도에게 옷을 지어 입을 천을 공양 받고 '내게 진정한 행복의 길을 안내해 주시는 스승님께 이 천으로 가사를 지어 드려야겠다!'고 생각했습니다. 스승 옆에서 부채질을 해드리며 이 생각을 말씀드렸더니 스승은 그 옷을 제자가 입기를 원한다며 거절의 뜻을 밝혔습니다.

제자는 크게 실망했습니다. 스승에게 거부당한 것만 같았고 의지할 곳을 잃어버린 것 같았으며 혼란을 느꼈습니다. 왜 이렇게 되었을까요? 스승에게 선물을 주고 싶다는 생각에 집착했기 때문입니다.

극락과 지옥은 한 끗 차이

제자는 유토피아를 찾아 출가했습니다. 수행하는 삶이 그가 생각하던 유토피아에 가까웠기에 정말 행복했습니다. 하지만 스승이 옷을 받아주지 않자 행복은 깨져버리고 말았습니다. 제자는 출가하기 전 욕심으로 가득 차 살던 때의 불안함과 고통으로 다시 들어섰습니다. 유토피아가 도망가 버렸습니다. 유토피아는 어디에 있다가, 어디로 사라졌을까요?

제자의 불안한 마음속에 한 가지 의심이 떠올랐습니다.

'스승님이 나를 안 좋아하시는 게 아닐까?' 이 의심은 꼬리에 꼬리를 물고 이어집니다. '나를 싫어하는 스승 밑에서는 출가생활이 힘들 것이다. 다시 세속으로 돌아가자. 예전 애인을 다시 만나볼까? 결혼하면 아이는 몇 명 낳지? 셋째가 태어나면 친정에 인사를 가야겠지? 아내가 몸이 약한데 갓난아기를 떨어뜨리

면 어떡하지?'

꼬리를 물고 이어진 상상 속에서 그는 셋째 아이를 사고로 잃었습니다. 몰입된 생각 속에서 너무 화가 난 나머지 손에 든 부채를 휘둘러 스승의 머리를 내리쳤습니다. 여기까지가 단 1분 만에 일어난 상상과 상황입니다.

자신에게 유토피아를 보여준 스승의 머리를 내려친 그는 너무나도 죄송해서 나락으로 떨어지는 기분이 되었습니다. 스승은 이미 깨달은 존재였기에 제자의 마음을 잘 살펴서 적절한 가르침으로 그의 마음을 안정시키고 다시 행복을 설파했습니다.

생각의 속도는 아주 빠르기에 짧은 시간 이 우주를 백 바퀴도 더 돌 수 있습니다. 생각에 빠지는 순간 우리는 집착의 대상을 향해 엄청난 속도로 달려갑니다. 그리고 그만큼 지금 이 순간의 극락과는 멀어지지요. 반대로, 생각에서 벗어나면 지옥에서 극락으로 되돌아오는 시간도 찰나입니다. 극락과 지옥은 한 끗 차라고 말하는 이유가 이것입니다.

생각으로부터 자유로울 때 극락이 된다

이 순간에 행복이 있다는 말은 현재에 특별한 행복이 숨겨져 있다는 뜻이 결코 아닙니다. 오히려 특별하지 않은 현재를 즐기는 힘을 키우라는 말에 가깝습니다. 생각에 사로잡혀 휘둘리는 상태에서는 세계 최고 셰프의 음식도 맛이 없습니다. 코로 들어가는지 입으로 들어가는지도 구분을 못 하고 그냥 먹겠지요.

하지만 생각으로부터 자유로울 때 우리는 편의점의 삼각김밥도 최상의 진미처럼 몰입해 만끽합니다. 맛이 있고 없고의 문제가 아니라, 미각의 힘을 얼마나 회복했느냐의 문제이기 때문입니다. 생각에 빠지면 최고의 예술작품도 무의미하지만, 생각에서 자유로울 때 우리는 지금 이 순간 눈앞에 서 있는 앙상한 나무 한 그루를 최상의 예술작품으로 감상할 수 있습니다.

나태주 시인의 시 <풀꽃>의 한 구절은 이 의미를 잘 보여줍니다.

'자세히 보아야 예쁘다. 오래 보아야 사랑스럽다. 너도 그렇다.'

생각에서, 분노에서, 집착에서 자유로워질 때 우리는 지금 이 순간 우리에게 주어진 현재를 자세히 볼 수 있습니다. 항상 삶을 바쁘게 스치듯 살아오던 이들에게는 이 단순한 일이 매우 어렵습니다. 하지만 자유로운 우리가 현재를 들여다볼 때, 우리는 더 이상 고향에서 고향을 찾는 나그네가 아닙니다.

유토피아는 지금 이 순간 우리 몸과 마음, 그리고 세상을 자세히 오래 살펴볼 때 드러납니다. 반대로 분노에, 집착에, 생각에 사로잡힐 때 유토피아는 깨져버리고 우리는 곧바로 지옥에

서게 됩니다. 우리 삶은 이렇게 극락과 지옥을 오가는 변신의 연속입니다.

이 변화가 싫으신가요? 변화는 즐기기 시작한다면 희망이고 축복입니다. 방법만 잘 배운다면 이 변신을 주도하여 극락의 즐거움을 만끽할 수 있습니다.

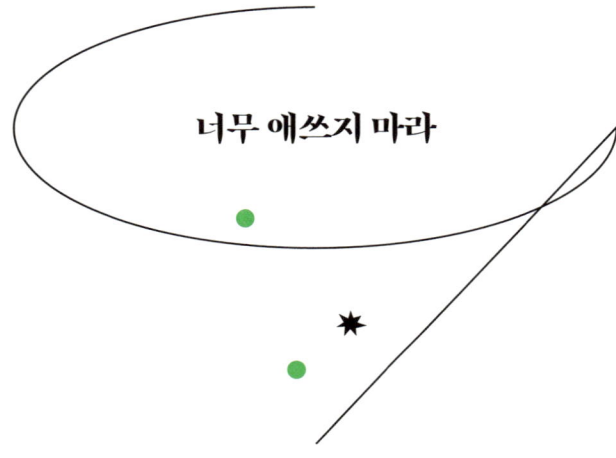

너무 애쓰지 마라

고장 난 전구는 스위치를 꺼도 전기가 완전히 차단되지 않은 채 주기적으로 깜빡입니다. 그 모습을 보고 생각했습니다.

'아, 전구가 너무 애를 썼구나.'

너무 애를 쓰면 정말 멈춰야 할 때 마음대로 멈추지 못합니다. 멈춰야 할 순간에 움찔움찔 몸과 마음이 제멋대로 움직입니다. 애를 쓰던 버릇 때문에 통제가 되지 않는 것이지요.

여유를 즐겨야 하는 순간에도 이를 악물고, 몸은 긴장한 채, 머리는 끊임없이 돌아가는 상태로 쉬지를 못합니다. 이것이 너무 애쓴 사람의 증상입니다.

세상을 살아가다 보면 무엇인가를 돌파하고, 이루기 위해 애를 써야 하는 상황이 있습니다. 애를 써야만 100%에 가까운 힘을 내 상황을 극복할 수 있을 테니까요. 그 상황이 지나가면 잠시 멈출 줄도 알아야 합니다. 멈출 줄 모르면 밤에도 깜빡이는 전구처럼 고장이 난 것입니다. 스위치의 온과 오프 기능이 망가진 상태, 조절이 불가능한 상태입니다.

힘 빼기 연습

애를 써야 할 때 애를 쓰고, 힘을 빼야 할 때 느슨해지며, 멈춰야 할 때는 온전히 멈출 수 있어야 몸과 마음의 주인인 것입니다. 내 몸, 내 마음이라고 하면서 마음대로 다루지 못한다면 어떻게 그게 내 것입니까? 온전히 모든 것이 나의 통제하에 놓이지 않는다 해도, 최소한 스위치는 내 마음대로 조절할 수 있어야겠지요?

문제가 생기면 원인을 찾아봐야 합니다. 전구는 전선이 낡아 고장 난 것으로 밝혀졌습니다. 너무 애만 쓰고 쉬어보지 못한 사람도 이렇게 전선이 낡아버릴 수 있습니다. 습관적인 판단 체계가 망가져 멈추지 못하는 것입니다. 멈추기가 두렵고, 멈추면 안 될 것 같고, 심지어 부도덕한 일이라 여겨져 두렵기까지 합니다.

일중독에 빠져 쉼 없이 스스로를 몰아세우며 살아가는 사람들이 있습니다. 물론 그렇게 사는 자신에 대한 만족감도 있겠지만, 반대로 쉼에 대한 욕구도 반드시 존재합니다. 너무 달리기만 하는 이는 쉬기 싫은 게 아니라 쉴 줄을 모르는 것입니다.

이런 사람은 휴식의 순간이 오면 처음에는 잠깐 여유를 즐기다가도, 결국은 일거리를 집었다 놓았다, 이러지도 저러지도 못하고 깜빡입니다. 그 모습이 어떻겠습니까? 고장 난 전구와 별반 다르지 않습니다.

열심히 노력하는 것은 좋은 일입니다. 하지만 노력을 올바르게 하기 위해서는 온과 오프를 잘 구분하는 힘을 갖춰야 합니다. 우리는 치열하게 일하는 노력과 더불어 진정으로 여유를 즐기는 연습이 필요합니다. 온오프 모드를 효율적으로 오가며 진정 건강하고 행복하게 살아야 합니다.

이를 악물고 너무 애쓰지 마세요. 쉴 때는 힘을 좀 빼주세요. 부릅떴던 눈을 좀 감아보세요. 긴장과 전투 모드를 좀 풀어보세요. 포커페이스를 유지하던 얼굴에 활짝 웃음을 띄워보세요. 그렇게 좀 쉬는 연습도 해봐요 우리.

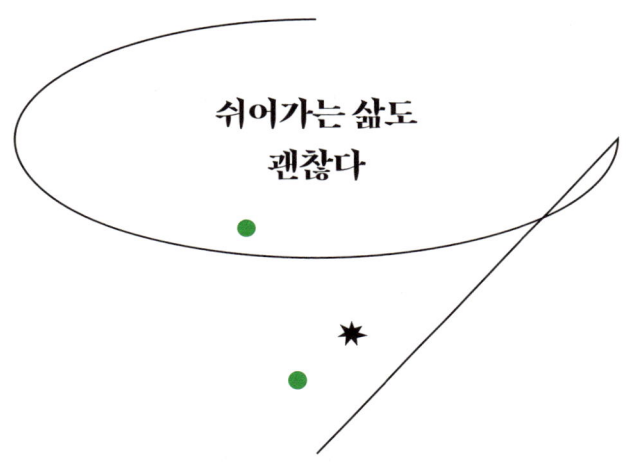

쉬어가는 삶도
괜찮다

절에 찾아오는 분들에게 커피를 한 잔 내려드리고 취향을 살펴봅니다. 커피 원액과 뜨거운 물을 준비해서 "입맛에 맞춰서 드세요. 셀프입니다."라고 하면 저마다의 취향에 따라 커피의 농도를 조절합니다. 누군가는 쓰디쓴 원액을, 누군가는 숭늉 같은 묽은 커피를 마시지요. 또 누군가는 "제가 한 잔만 마셔도 밤에 잠이 안 와서요." 하고 말합니다.

건강, 성향, 입맛 등의 복합적인 요소들이 있겠지만 단순하게 살펴보면, 커피를 많이 독하게 마시는 분들은 커피가 필요한 사람이고, 연하게 조금 드시는 분들은 커피가 필요 없는 사람인 경우가 많습니다. 삶의 치열함 정도를 엿볼 수 있죠. 그리고 참 많은 젊은이들이 독한 커피를 많이 마실 수밖에 없는 일상을 살아간다는 사실을 알게 됩니다.

커피로 이겨나가는 삶

바쁘게 살아가는 분들에게서 보이는 일반적인 증상들이 있습니다. '피곤해 죽겠다. 쉬지 않으면 파업할 거다, 주인 놈아!'라는 몸의 각종 신호이지요.

첫 번째 신호는 커피가 당기는 것입니다. 피곤한 삶과 부족한 잠을 극복하기 위해 지나치게 커피를 마십니다. 이것이 중독적으로 변하면 카페인이 부족할 때 머리가 멍하거나 심지어 아프기까지 합니다. 그런데 커피의 힘을 빌려 집중을 유지해야 할 만큼 바쁘게 살아야만 하는 걸까요?

두 번째 신호는 치아의 문제입니다. 바쁘게 살아가는 분들의 경우 이를 잘 살펴보면 흠집이 났거나 닳아 있습니다. 왜 그럴까요? 이를 악물고 일상을 살아가기 때문에 그렇습니다. 힘이 부족하니 이를 악물고 원기를 끌어다 쓰면서 살아가는 것입니다. 이런 경우 병원에 가면 만성피로 진단을 받습니다. 이가 부러지도록 악물고 살아야 할까요?

세 번째 신호는 어깨와 목의 뻣뻣함입니다. 이를 악물 정도로 애를 쓰면서 살아가면 어깨와 목이 뻣뻣해집니다. 항상 목과 어깨가 결리고, 슬쩍 누르기만 해도 '아야!' 소리가 절로 나오는 상태입니다.

네 번째 신호는 온몸에 생기는 종합적 문제입니다. 긴장감에 위가 굳어버려 만성소화불량과 위염이 생기고, 덩달아 장운동이 시원치 않으니 변비도 생깁니다. 눈을 혹사하니 시력은 나빠지고, 긴장된 상태에서 아드레날린이 계속 분비되니 몸속 곳곳이 상처로 가득합니다. 몸이 이렇게까지 신호를 주는데도 듣지 못하고 계속 달리기만 한다면 '주인놈' 소리가 나오는 건 당연하겠지요.

수많은 현대인들이 이를 악물고 살아야만 바른 길을 가는 거라 생각합니다. 이는 편견입니다. 커피가 필요 없는 삶, 이를 악물고 지내지 않아도 되는 삶이라고 반드시 좋은 것은 아니지만, 그렇게도 살아갈 수 있다는 점을 기억해야 합니다. 분명 다른 방식으로 살아가는 방법도 있습니다.

중간이 아닌 중도

붓다가 거문고를 연주하다 출가한 소나 비구에게 질문했습니다.

"소나여, 거문고의 줄이 아주 팽팽하면 연주할 때 좋은 소리가 나는가?"

"아닙니다, 세존이시여. 줄이 너무 팽팽하면 경직된 소리가 나고, 결국 끊어지게 됩니다."

"그렇다면 거문고의 줄이 아주 느슨하면 좋은 소리가 나는가?"

"아닙니다, 세존이시여. 줄이 너무 느슨하면 아예 소리가 안 나는 경우가 태반입니다."

"소나여, 여래의 제자들의 수행도 그와 마찬가지로 몸과 마음을 몰아붙이는 고행이나 몸과 마음을 느슨하게 하는 쾌락, 양극단에 빠지면 안 된다. 느슨하지도 않고, 팽팽하지도 않은 중도中道의 수행이 필요하다."

붓다의 중도를 오해하는 이들이 있습니다. 이도 저도 아닌 어중간함이 중도라고 착각하는 경우입니다. 악기를 조율하는 정도에는 고정된 답이 없습니다. 상황에 따라 매번 달라지는 것입니다. 그와 마찬가지로 중도는 중간이 아니라 적절함입니다.

어려움을 극복해야 할 때는 이를 악무는 것이 중도일 수 있습니다. 반면 휴가 때에는 온전히 이완하는 것이 중도일 수 있지요. 상황에 알맞게 스스로의 속도를 조절하는 지혜가 바로 중도입니다.

속도 조절하기

고속도로에서 시속 100킬로미터로 달리던 중 갑자기 앞차가 60킬로미터 정도로 급격히 속도를 줄인 적이 있었습니다. 사고가 날 수 있는 위험천만한 상황이었지요. 다행히 급브레이크를 밟고 경적을 울려 대형사고를 피했습니다. 이런 상황에서 누군가는 사고를 냅니다. 연쇄 추돌이 일어나 대형사고로 이어지기도 하지요. 하지만 누군가는 안전하게 그 상황을 잘 피합니다. 어떤 차이가 있을까요?

달리던 와중에 재빠르게 속도를 조절할 수 있으려면 깨어있어야 합니다. 졸거나, 생각에 빠져 있거나, 옆 사람과의 대화에 빠져 있으면 대응할 틈도 없이 앞차와 추돌하겠지요. 삶이 주는 시험들에 적절하게 대응하기 위해서는 깨어있음의 힘으로 중도를 조절하는 능력이 필수입니다.

달리지 말라는 이야기가 아닙니다. 가만히 앉아서 무기력하게 쉬라는 소리도 아닙니다. 달릴 때 달리고, 쉴 때 쉬어야 합니다. 그래야만 삶의 고속도로 위에서 추돌사고를 피하기 위해 멈출 수 있고, 또 뒤이어 연쇄추돌이 일어나지 않도록 경적을 울릴 수 있습니다. 조절하는 능력이 있어야만 우리들이 간절히 바라는 지혜로운 선택들이 가능해집니다.

달리기만 하는 사람은 멈출 줄 모릅니다. 쉬어가는 삶이 있다는 것을 알고, 한 번이라도 멈춰본 사람만이 달리는 중간 휴식이 필요한 순간에 쉴 수 있습니다. 매일 이를 악물고 달리는 당신이 쉬어가는 삶도 있다는 것을 꼭 기억해 삶의 멋진 휴게소에서 즐거움을 누리면 좋겠습니다.

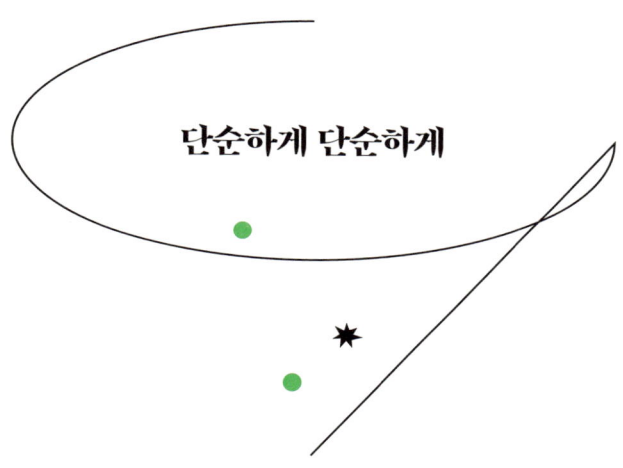

단순하게 단순하게

도반 스님이 서예를 처음 배울 때의 일입니다. 선생님이 써주신 체본을 참고해 그대로 연습한 걸 가져가면, 스승은 결과물만 보고도 제자가 붓질을 어떤 방식으로 했는지 그대로 짚어낸다고 합니다. 이를 보고 고수란 대단한 존재라는 생각이 들었다고 하더군요.

서예를 가르치는 사람은 체본에서 벗어난 붓질을 경계합니다. 글씨를 잘 쓰는 다른 도반에게 물어보니 중요한 것은 체본이 아니라고 하더군요. 스승의 붓질을 자세히 관찰하고 기억해 그대로 따라하는 것이 실력을 향상시키는 좋은 연습이라고 했습니다.

처음 서예를 시작할 때 대개의 사람들은 스승의 단순하고 명료한 붓질을 따라하지 않습니다. 제멋에 취해 화려함을 추구합니다. 스승의 붓질은 화려한 붓의 길을 체험한 후 정제되어 나타난 고수의 단순함입니다.

하수일수록 복잡하고, 고수일수록 단순하다. 이것은 모든 분야에서 적용되는 진실입니다. 단순한 길의 의미를 알아보는 안목을 갖추고, 이해를 바탕으로 익혀나갈 때 우리 역시 고수의 반열에 오르는 길을 걸어갈 수 있습니다.

단순하고 중심이 잡힌 길

붓다는 이생을 행복하게 살기 위해 자비로운 성품과 함께 생계를 이어나갈 자신만의 기술이 필요하다고 강조했습니다. 여유를 가지고 삶을 즐기기 위해서는 반드시 나만의 기술을 가져야 합니다.

하지만 안타깝게도 한 분야의 전문기술만으로는 살아가기 힘든 세상입니다. 우리는 어쩔 수 없이 다양한 기술을 익힙니다. 다양한 정보를 받아들인다는 것은 정체성이 복잡해진다는 뜻입니다. 짬뽕이 되는 것이지요.

정말 맛있는 중국집에 가면 짬뽕에도 그 집만의 특색이 있습니다. 중심을 잡아주는 기준이 명확하면 맛있는 짬뽕이 만들어집니다. 기준 없이는 이도저도 아닌 잡탕이 되고 말지요.

우리 삶도 마찬가지입니다. 이것저것 다양한 정보를 정신없이 받아들여 삶에 적용하다 보면, 우리들 역시 맛있는 짬뽕과 어정쩡한 잡탕의 경계에 서게 됩니다. 자신의 중심을 명확하게 세우는 사람은 다양한 정보가 아름답게 조화되어 장점으로 드러나겠지만, 중심 없이는 그야말로 난잡해진 채 단점만 도드라지게 됩니다. 잡탕을 면하기 위해서는 단순함의 길을 삶에 들여야 합니다. 삶을 단순하게, 단순하게 가다듬으려면 명확한 본분사가 필요하고, 기준이 있어야 단순함의 아름다운 길을 걸어나갈 수 있습니다.

본분사라는 명확한 기준

생계를 위한 기술들보다 더욱 중요한 기술이 하나 있습니다. 바로 삶 자체를 다루는 기술입니다. '나'라는 존재를 다루는 기술을 연마하는 데 공을 들여야 합니다. '나'를 사용하는 일에 숙달되어야 행복한 삶에 성공할 수 있습니다.

앞서 언급한 대로 고수는 점점 단순해집니다. 먹고사는 일에서도 고수가 되어야겠지만, 행복하고 싶다면 '나'를 다루는 단순함의 길을 찾아야 합니다. 행복의 길은 삶이 단순해지는 길이기도 합니다.

단순한 삶을 위해서는 자신의 본분사를 명확히 하는 과정이 정말 중요합니다. 끝없이 스스로에게 묻고 또 물어서 중심을 잡고, 본분사를 기준으로 삶을 정렬해 가는 과정이 바로 삶을 단순하게 만드는 고수의 길입니다.

삶이 단순해진다고 해서 생각이 없어지는 것은 아닙니다. 단순해지면 복잡한 것에 시달리지 않기에 맑은 눈을 가질 수 있습니다. 이렇게 맑아진 눈은 보다 넓고 깊게 상황을 살피는 힘이 됩니다. 다양한 조건을 자세히 관찰하면서, 적절한 판단을 하는 일이 수월해집니다.

명확한 기준이 있으면 쓸데없는 심력의 소모가 없습니다. 고수의 붓이 최적의 길을 찾아가듯, 어려움 없이 흐르는 아름다운 모습을 상상해 보세요. 그것이 삶의 행복에 적용된다면 얼마나 좋을까요? 복잡다단한 상황을 꿰뚫어 보는 맑은 눈으로, 지치지 않고 최적의 길을 찾아가는 삶의 고수가 되세요.

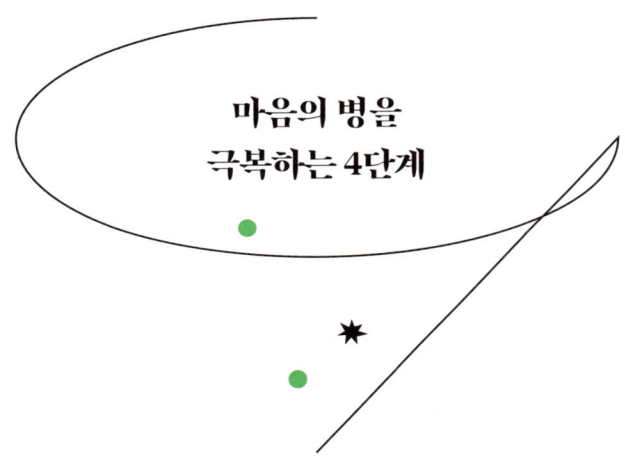

마음의 병을
극복하는 4단계

타고난 강골이라 평생 감기 한 번 앓은 적이 없는 농부가 있었습니다. 50대에 이르러서야 처음으로 기침을 하고 몸살 기운이 오는 경험을 한 농부는 '난생 처음 감기 몸살에 걸렸구나' 생각합니다. 대수롭지 않게 넘어갔고, 건강은 이내 회복되었습니다.

한 달 뒤 농부는 다시 기침을 시작했습니다. 이번에는 가래에 피가 섞여 나왔습니다. 가족들이 병원에 가기를 권해도 무시하다가 몇 주 뒤 피를 토하며 혼절하기에 이릅니다. 결국 병원을 찾아 각종 검사를 받은 농부는 폐암말기라는 청천벽력 같은 소식을 듣습니다. 남은 수명이 한 달 남짓이라는 말과 함께요.

농부는 웃으며 말했습니다.

"의사가 잘못 봤어. 평생 건강했는데 폐암은 무슨……"

그는 병을 고쳐볼 기회도 없이, 끝까지 자신의 병을 인정하지 않은 채 세상을 떠났습니다.

왜 이렇게 되었을까요? 모르는 것을 안다고 착각하는 어리석음 때문입니다.

마음의 병을 진단하는 방법

붓다는 깨달음을 얻은 후 제자들에게 네 가지 성스러운 진리, 사성제四聖諦를 항상 강조했습니다. 이 네 가지 진리는 우리 마음의 병을 판별하고, 고치는 방법을 알려줍니다. 사성제를 이루는 고집멸도苦集滅道를 몸의 병을 고치는 상황에 비유해서 설명해보겠습니다.

병을 고치고 싶다면 환상에서 깨어나야 합니다. 현실을 직시하고 자신이 아프다는 것을 인정해야 하지요. 그래야 치료를 받을 수 있습니다. 인정하지 않으면 기회조차 얻지 못합니다. 현실의 고통을 인정하는 것이 바로 고성제苦聖諦입니다.

고통을 깨닫고 치료를 받으러 갔으면 선무당 같은 지식을 버리고 전문가에게 진단을 받아 정확한 원인을 찾아야 합니다. 원인을 알아야 병을 고칠 수 있습니다. 고통의 원인을 찾는 것이 집성제集聖諦입니다.

원인을 알았다면, 아무리 치명적인 병이라도 완치될 수 있다는 확신을 가져야 합니다. 불신하는 마음에서는 치유의 힘이 나오지 않으니까요. 고통의 완전한 소멸에 대한 믿음을 담은 진리가 바로 멸성제滅聖諦입니다.

마지막으로 완치를 위해서는 약도 먹고, 치료도 받으며 노력해야 합니다. 의사의 처방을 이해하고 믿는 것만으로는 환자에게 아무런 도움도 되지 않으니까요. 고통의 소멸을 위한 수행을 실천하는 것이 바로 도성제道聖諦입니다.

만약 지금 행복하지 않다면 이것은 일종의 병적인 상태입니다. 붓다는 중생의 상태를 이렇게 진단했습니다.

"모든 중생은 번뇌로 인한 심병心病에 걸려 있다."

건강한 정신을 지닌 인간은 가만 두어도 항상 웃는 천진한 아이들처럼 행복합니다. 지금 당신이 행복하지 않다면 번뇌 바이러스로 인해 병에 걸린 상태인 것입니다.

고통에서 벗어나는 마음 바꾸기

행복을 위한 첫걸음은 현실의 고통을 인정하는 것입니다. '나는 행복해' 하고 아무리 우겨봐야 진짜로 행복해지지 않는다는 것을 우리는 경험을 통해 알고 있습니다. 현실 속 고통을 회피하는 상태에서 인정하는 것으로 마음을 바꿔보세요. 그렇게 한 발짝 행복으로 나아가는 겁니다.

고통을 인정했다면 이번에는 마음의 전문가에게 원인을 진단받아야 합니다. 나를 괴롭히는 고통의 뿌리를 정확히 파악하기 위해서입니다. 지피지기면 백전백승이라고 하지요. 고통스럽다는 것을 알았고, 그 고통의 뿌리를 알았다면 승리를 위한 준비를 마친 것입니다. 고통의 원인에 대한 무지를 벗어나 이해의 상태로 바뀌었다면, 이제 행복을 향해 두 발짝 나아간 것입니다.

이제 넘어야 할 산이 하나 있습니다. '나는 행복해지지 못할 거야'라는 각인된 절망감입니다. 행복해지기 위해서는 반드시 확신이 필요합니다. 완강한 절망을 희망으로 바꿔보세요. 이것이 행복을 향해 가는 세 번째 걸음입니다.

고통을 인정하고 원인을 발견하여 행복해질 수 있다는 확신을 가졌다면 본격적인 치료에 들어가야겠지요? 오랜 세월 번뇌를 다뤄온 전문가들이 마련한 가르침을 약으로 삼아, 연습과 수행을 실천해 나간다면 어떤 고통이든 뿌리째 뽑아낼 수 있습니다. 게으름을 정진으로 바꾸는 것, 행복을 향한 네 번째 발걸음입니다.

붓다가 말하는 사성제의 진리, 고집멸도의 과정은 위의 네 걸음으로 대체될 수 있습니다.

당신도 행복할 수 있습니다. 고통에 둘러싸여 불안에 떠는 마음을 보듬어주세요. 이제 어떤 고통도 치료할 수 있는 무기를 얻었음을 기억하세요.

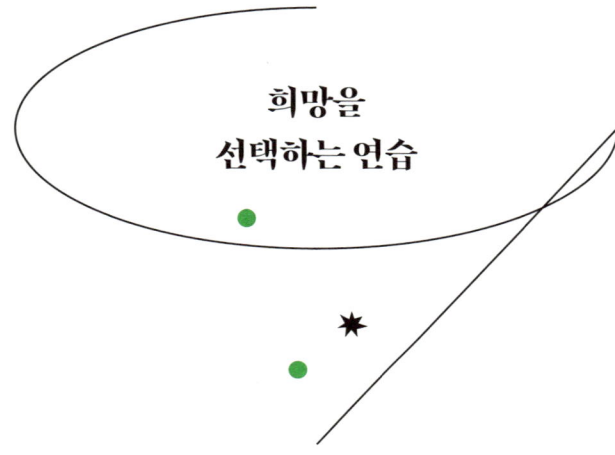

희망을
선택하는 연습

하루 종일 깔깔 웃어대는 천진한 아이들의 얼굴을 바라봅니다. 유치한 장난에도 배를 잡고 뒹굴며 웃는 아이들을 상상합니다. 가위바위보를 종일토록 반복하며 눈앞의 친구를 온전히 사랑하는 아이들의 마음을 떠올립니다. 행복해서 웃고, 또 웃다가 기진맥진해도 웃음을 멈출 수 없던 어린 시절을 다시 느껴봅니다. 이것이 인간이 가진 천성입니다.

행복 앞에서 누구나 평등하다

무한한 잠재력을 지니고 태어난 인간은 어디로 튈지 모르는 럭비공처럼, 다양한 삶의 방향을 따라 천태만상으로 자라납니다. 개개인에게 주어진 환경과 그 안에서 이어지는 선택에 따라 한없이 모습이 달라집니다. 희대의 악마로 분류되는 인물들도 한때 그저 천진한 어린아이였습니다. 그들도 어린 시절에는 성인이라 불리는 인물들과 별반 다르지 않았을 것입니다.

인간은 모두 평등하게 행복의 가능성을 타고납니다. 육체, 지능, 집안, 외모 같은 조건의 평등이 아닙니다. 평등한 것은 행복을 선택하는 마음의 능력입니다. 어떤 악조건 속에서도 인간은 매 순간 행복을 선택할 수 있습니다. 하늘이 무너지는 시련 속에서도 행복을 즐길 권한은 누구에게나 있습니다.

태생적으로 타고난 행복을 즐기는 능력이 세월의 흐름에 따라 점점 약해져 갑니다. 다양한 고통의 조건들이 행복하던 아이의 어깨를 짓누르기 때문입니다. 고통의 조건들은 끊임없이 아이의 귀에 대고 이렇게 속삭입니다.

'나는 행복할 수 없어.'

물론 처음에는 이 속삭임이 그다지 큰 효과를 발휘하지 못합니다. 여전히 행복하기 때문입니다. 하지만 행복이 조금씩 무너지는 삶의 경험들 속에서 속삭임은 점차 힘을 발휘하기 시작합니다. 어느 순간에 이르면 행복할 수 있다는 희망적인 마음과 행복할 수 없다는 절망의 마음이 줄다리기를 시작합니다. 이 줄다리기의 결과가 지금 당신의 표정에 드러난 행복감일 것입니다.

만약 지금 당신의 표정이 그리 행복하지 못하다면 반드시 기억하세요. 당신은 지금 줄다리기에 지고 있을 뿐입니다. 여전히 당신은 행복할 수 있는 온전한 능력을 가졌습니다.

행복을 선택하는 연습

이 세상 도처에서 온화한 흰 늑대와 흉포한 검은 늑대가 끊임없이 싸우고 있습니다. 흰 늑대의 이름은 희망이고, 검은 늑대의 이름은 절망입니다. 누가 이길 것 같은가요? 검은 늑대라고 답한 이도 있을 것이고, 흰 늑대라고 답한 이도 있을 것입니다. 하지만 둘 다 정답이 아닙니다. 정답은 '잘 먹는 늑대가 이긴다' 입니다.

희망과 절망의 줄다리기는 끊임없이 반복됩니다. 당신의 인생 속에서도 항상 반복되어 왔습니다. 누군가는 경험적으로 절망이 이길 것을 예상할 것이고, 또 다른 누구는 희망이 이길 것이라고 믿습니다. 희망과 절망은 그 자체로는 아무런 힘도 없는 환상에 불과합니다. 환상을 품은 마음의 주인이 선택하는 쪽의 힘이 커지지요. 희망도, 절망도 온전히 선택에 달려 있습니다.

행복해지고 싶다면 희망을 선택하세요. 희망을 선택하지 않고서는 행복연습을 시작할 수 없습니다. 물론 희망을 한 번 선택했다고 해서 단박에 삶이 희망적으로 바뀌지는 않을 것입니다. 오랜 시간 희망과 절망을 번갈아가며 선택해온 만큼, 줄다리기의 승부는 막바로 판가름 나지 않습니다.

현재의 줄다리기가 절망 쪽에 치우쳐 있든, 양쪽으로 팽팽하든, 희망으로 쏠려 있든 상관없습니다. 희망을 잡아당기는 이 순간의 선택이 중요합니다. 이것저것 따지지 말고 그냥 희망의 줄을 당겨버리세요. 이렇게 매번 새로운 선택을 희망으로 이끈다면, 절망의 편에 기울어진 마음을 완전히 날려버릴 날이 올 것입니다.

터닝 마인드 숙지 1

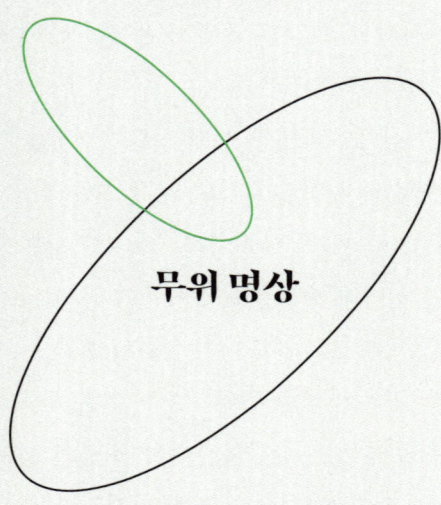

무위 명상

스스로의 정체성을 찾아가는 터닝 마인드 여정이 막바지에 다다랐습니다. 이동수단을 마련하기 위해 기본 명상으로 주의력을 훈련했고, 지도를 마련하기 위해 응용 명상을 숙지하고 실천했습니다.

행복의 집 1층에서 우리는 자신이 존귀한 존재임을 믿기로 했습니다, 2층에서 번뇌라는 친구들을 이해했습니다. 3층에서는 다양한 터닝 마인드 기법을 배우고, 실천했지요. 온전한 성인으로 자립하기 위한 터닝 마인드의 5단계를 바탕으로 옹졸한 마음에서 벗어나 의식을 확장하고, 넓어진 마음을 열어 타인을 수용하고, 사랑을 주고받는 훈련을 해왔습니다. 또한 넓어진 관계 속에서 흔들리는 삶의 중심을 굳게 세우는 자립의 과정을 연습했지요. 이런 과정들을 통해 세워진 행복의 집 4층에서는 연습을 통해 누리게 된, 그리고 누리게 될 달콤한 열매들이 소개되었습니다.

물은 섭씨 100도에 도달해야만 끓기 시작합니다. 그런데 98도에서 멈추면 어떻게 될까요? 식어버릴 일만 남습니다. 행복 역시 마찬가지입니다. 궁극의 행복에 이르기 위해서는 명상의 끝에 도달할 필요가 있습니다. 이제부터 여러분의 명상이 앞으로 나아가야 할 방향을 제시하려고 합니다.

처음 주의력을 훈련할 때는 깨어있음의 상태가 익숙지 않았기에 인위적인 온오프 훈련을 활용했지만, 익숙해진 이후에는 오히려 방해가 될 수 있습니다.

자신의 주의력이 감각으로 확연하게 느껴질 만큼 깨어있음의 힘이 강해지고, 익숙해졌다면 이제 고급 명상을 시작할 수 있는 시기입니다. 그럼 무위無爲 명상에 대한 설명을 시작하겠습니다.

명상법

무위는 하지 않는다는 음陰적인 표현입니다. 이것을 좀 더 양陽적인 표현으로 바꿔보자면 풀어둔다, 놓아버린다와 같은 표현이 가능합니다. 몸과 마음에 일어나는 현상을 억제하지 않고 그대로 풀어두는 것입니다. 그리고 억제하고 싶은 습관을 놓아버리는 것입니다. 첫 번째 고급 명상의 핵심은 바로 이 '무위'입니다. 예를 들어 설명해 보겠습니다. 기본 명상을 할 때는 집중점을 정합니다. 호흡을 집중점으로 정했다면 숨이 들어오고 나가는 것에 주의력을 온하고 나머지 다른 대상에서는 주의력을 끝없이 오프합니다. 이 훈련의 과정에서 마음은 억지로 주의력을 모으려 노력하거나, 흩어지는 것을 억제하려고 합니다. 이러한 억지, 억제, 강제 등의 힘을 쓰지 않고 마음을 있는 그대로 풀어두고 깨어있음을 유지하는 훈련이 바로 무위 명상입니다.

깨어있는 힘이 충분하지 않을 때 이렇게 풀어놓으면 대개는 습관의 힘으로 생각에 빠져버립니다. 그것은 멍한 상태이거나 잡생각에 빠진 것이지 명상이 아닙니다. 생각을 관찰하되 거기 빠지지 않을 정도의 깨어있는 힘이 생기면 이제 인위적인 노력 없이 자연스럽게 자신과 세상을 관찰하는 길이 열립니다.

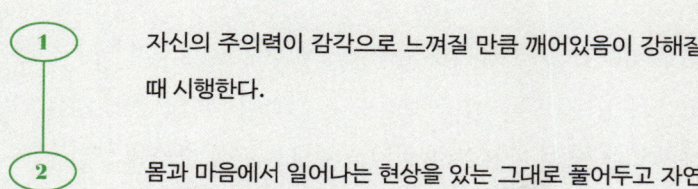

1. 자신의 주의력이 감각으로 느껴질 만큼 깨어있음이 강해질 때 시행한다.

2. 몸과 마음에서 일어나는 현상을 있는 그대로 풀어두고 자연스럽게 관찰한다.

3. 현상을 억제하는 인위적인 행위는 하지 않고, 자연스러운 알아차림을 유지한다.

명상 플러스

사람들은 평생 인위적으로 노력하는 삶을 살아갑니다. 그래서 풀어놓고 구경한다는 것이 감이 안 잡힐 수도 있고, 매우 어렵다고 느낄 수도 있습니다. 자연스럽게 깨어있음을 유지하면서 관찰하면 억지로 무엇인가를 조작하는 자신이나, 생각에 빠져 깨어있지 못한 자신을 발견하게 됩니다. '차라리 육근을 순서대로 돌리는 게 더 쉽겠다'고 생각하는 자신을 발견하게 되지요. 하지만 무위 명상은 일상의 깨어있음을 연결하는 사다리가 되고, 진리로 나아가는 길이 됩니다. 어렵다는 생각으로 포기하면 워밍업으로 몸을 실컷 데워놓고 정작 달리기를 시작하지 않는 꼴입니다.

고급 명상인 무위 명상을 실천하기로 결심할 정도면 이미 깨어 있음의 힘이 성숙해졌을 것입니다. 그러니 연습시간에 대한 언급은 따로 하지 않겠습니다. 자유롭게 자신의 상황에 맞춰 일정을 조율하면 됩니다. 이제부터는 특히 명상 선생님과의 인터뷰가 중요해집니다.

무위 명상 시 일어나는 장애들은 전형적이지 않고 상황에 따라 매번 다르기에 한정된 언어로 표현하는 데 한계가 있습니다. 변수 또한 다양합니다. 무위란 매우 미묘한 상태여서 끝없이 사람을 헷갈리게 만듭니다. 인터뷰 준비와 인터뷰 과정을 통해 자기 상태의 미묘한 차이를 구분하는 것은 큰 힘이 됩니다.

부디 궁극으로 나아가겠다는 마음가짐으로 이 행복의 길을 힘껏 걸어가세요.

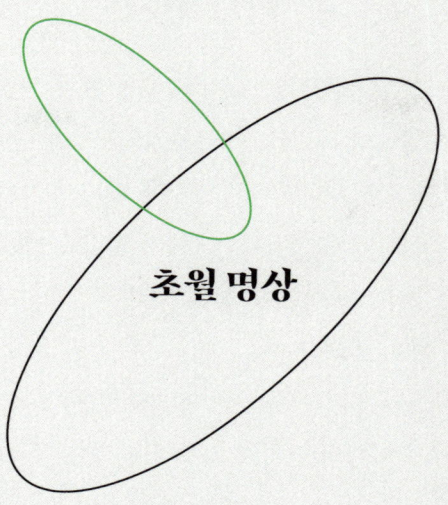

초월 명상

앞서 설명한 무위 명상과 초월超越 명상은 한 세트입니다. 무위 명상, 즉 자연스러운 알아차림을 유지하기 위해서 반드시 필요한 것이 바로 초월 명상이지요. 초월 명상은 억지하거나 억제하거나 조종하려들 필요가 없는 이유를 이해하게 해주는 명상이기 때문입니다.

명상법

초월이란 '나'를 초월한다는 뜻으로 무아_{無我}와 통합니다. 하지만 무아라는 말을 쓰지 않는 이유는 이 단어에 속아서 함정에 빠지지 않도록 경계하기 위해서입니다. 일단 무아라는 단어 자체가 우리의 상식에 위배됩니다. "내가 없다"는 말은 본능적으로 거부감을 불러일으킵니다. 무엇이 없다는 것인지에 대한 더욱 명확한 이해가 필요합니다.

무아는 우리들의 몸과 마음이 존재하지 않는다고 말하는 것이 결코 아닙니다. 이렇게 만져지고 보이며 움직이는 몸이 어떻게 존재하지 않을 수 있겠습니까? 그게 아니라 우리가 인식하는 방식과 다른 방식으로 존재한다는 것입니다. 기존의 잘못된 방식으로 인식한 '나'는 존재하지 않음을 강조하는 것이 바로 무아라는 단어입니다.

대부분의 사람들이 무아라는 단어에서 '존재하지 않는다'는 허무의 함정에 빠져버리기에, 여기서는 초월이라는 단어를 활용했습니다. 기존의 잘못된 자아 관념을 초월한다는 뜻입니다.

모든 존재는 원인과 조건이 모여 이루어집니다. 이 인연이 끊임없이 변함에 따라 현상 역시 끊임없이 변합니다. 우리의 몸과 마음 또한 이러한 무상의 흐름에서 결코 벗어날 수 없습니다. 우리의 몸과 마음으로 경험되는 일들은 '나'라는 주체가 행하는 것이 아니라, 원인과 조건에 의해서 일어납니다. 이를 '연기緣起'라고 합니다. 모든 존재는 연기적으로 존재하지요.

예를 들어 보겠습니다. 만약 마음에 화가 일었다고 해보겠습니다. 우리는 이 화를 내가 냈다고 생각합니다. 하지만 이 화를 내는 데 반드시 내가 필요한 것은 아닙니다. 그저 화가 날 인과 연이 모이면 화라는 현상이 일어나는 것이지요. 우리가 하는 모든 생각이 이렇게 그저 인연에 의해 일어나는 일일 뿐입니다. 하지만 사람들은 그 모든 현상의 주체가 '나'이고, 나에 의해 주도적으로 경험이 일어난다고 착각합니다. 이 망상을 초월하고자 합니다.

좌선 시에, 또는 일상에서 깨어있는 마음으로 몸과 마음을 살펴볼 때, 무위 명상에서는 자연스럽게 풀어두고 구경하는 것이 포인트였습니다. 초월 명상은 자연스럽게 구경하지 못하도록 자꾸 끼어드는 '나'라는 착각을 끝없이 덜어내는 작업입니다. 덜어냄은 모든 현상이 내가 하는 것이 아니라 연기적으로 이루어지는 현상일 뿐이라는 것을 알아차리는 일입니다.

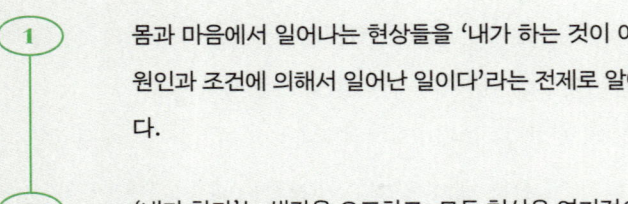

1. 몸과 마음에서 일어나는 현상들을 '내가 하는 것이 아니다. 원인과 조건에 의해서 일어난 일이다'라는 전제로 알아차린다.

2. '내가 한다'는 생각을 오프하고, 모든 현상은 연기적으로 이루어진 현상일 뿐이라는 생각에 온한다.

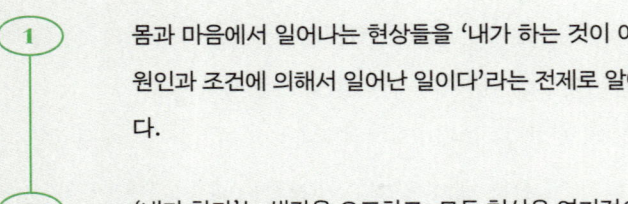

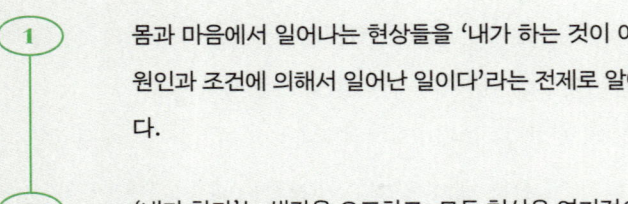

명상 플러스

초월 명상은 몸과 마음을 포함한 모든 현상을 연기적인 존재로 바라보게 하는 궁극의 나침반입니다. 모든 착각의 근본인 '나'라는 잘못된 자아관을 극복하여 '참나' 상태로 나아가는 길잡이입니다. '참나'라는 상태는 무아의 다른 이름이지, 또 다른 고정된 나라는 존재를 상정한 것이 아님을 알아두세요.

초월 명상은 주의력 훈련인 명상이 앞으로 나아갈 바를 제시합니다. 처음부터 이 고급 명상을 시도하는 것은 무리이고, 기본 명상을 통해 깨어있음이 무르익었을 때 시도하는 것이 좋습니다.

하지만 주의력 훈련을 처음 시도하는 초보자도 명상이 나아가야 할 방향에 대해 미리 알아두는 것이 좋습니다. 모든 훈련은 자연스러운 깨어있음과 무아로 향합니다. 불교에서는 이를 바로 '정념正念'이라고 말합니다. 올바른 깨어있음이지요.

깨어있음인 무위 명상과 무아로 향하는 방향을 일러주는 초월 명상은 행복으로 향하는 여정을 위한 가장 온전한 이동수단과 지도입니다. 무위 명상은 주의력이라는 이동수단에 탑승하도록 도우며, 초월 명상은 경로까지 명확하게 알려줍니다.

두 가지 고급 명상을 잘 병행하면 하나만 실천할 때보다 훨씬 큰 도움이 됩니다. 또한 기본 명상을 통해 깨어있음의 기반을 마련하는 것도 잊지 마십시오.

명상을 통해 여정을 끝없이 이어나가 궁극의 행복에 다다르기를 기원합니다.

나를 더 나답게

ⓒ 원빈, 2024

초판 1쇄 발행 2018년 5월 10일
개정판 2쇄 발행 2025년 9월 22일

지은이 원빈
편집인 고수정
디자인 pica(
펴낸곳 붓다스쿨
등록 2023년 7월 6일(제2023-4호)
주소 경남 산청군 단성면 지리산대로 2700번길 83-15
메일 book_buddhaschool@naver.com
인스타그램 buddha_school_

ISBN 979-11-984558-2-6 03190

붓다스쿨

붓다의 마음을 펼치는 곳, 붓다스쿨과 함께 해요.
세상을 밝게 빛내는 책을 만들겠습니다.